RESCATE DE REHENES

El éxito de Entebbe, el bochorno de Carter,
las masacres y dudas sobre Fujimori,
Putin y Uribe

Hugo Montero

RESCATE DE REHENES

El éxito de Entebbe, el bochorno de Carter,
las masacres y dudas sobre Fujimori,
Putin y Uribe

CONJURAS

L.D. Books

México ♦ Miami ♦ Buenos Aires

Rescate de rehenes
© Hugo Montero, 2013

 **L.D. Books**

D. R. © Editorial Lectorum, S. A. de C. V., 2013
Batalla de Casa Blanca Manzana 147 Lote 1621
Col. Leyes de Reforma, 3a. Sección
C. P. 09310, México, D. F.
Tel. 5581 3202
www.lectorum.com.mx
ventas@lectorum.com.mx

L. D. Books, Inc.
Miami, Florida
ldbooks@ldbooks.com

Primera edición: marzo de 2013
ISBN: 978-149-374-387-2

Colección **CONJURAS**

D. R. © Portada e interiores: Mariel Mambretti

Introducción

Los hay impecables, prolijos, rápidos y exitosos. Pero también están esos otros, los que terminan mal, los que se complican por imprevistos o por imponderables, los que dejan un tendal de víctimas fatales y los que "se cargan" a un gobierno en crisis o a algún jefe militar, los que se apoyan en la crueldad de una decisión tomada a muchos kilómetros del escenario de los hechos, los que generan acusaciones y reclamos, los que abren la puerta a la crítica...

Están esas órdenes que permiten desnudar el verdadero rostro de las autoridades públicas que anteponen sus intereses ocasionales o sus carreras partidarias a las frágiles vidas de los rehenes, más allá de la retórica utilizada también como herramienta de distracción en las horas previas al asalto final.

Pero en cada misión de rescate de rehenes subsisten algunos elementos en común que se hace preciso señalar.

Primero, la extraordinaria singularidad de los hechos, esa que despierta en los medios de comunicación de todo el mundo un interés adictivo, inigualable, quizás más próximo al morbo que a la curiosidad o a la inquietud cívica. En ese sentido, no hay información más atractiva para la sección de noticias internacionales de un matutino o de un programa televisivo que una situación de rehenes en un punto recóndito del mapa. Es una oportunidad única para el imperio de la todopoderosa transmisión en vivo, la que acapara la mirada de millones de televidentes que aguardan, de un momento a otro, el más cinematográfico de los desenlaces. Es como en las películas, pero en la vida real.

En segundo lugar, cada uno de estos episodios llega para romper en mil pedazos esa falsa imagen de una cómoda rutina, en sociedades con muchas cuentas pendientes. Es entonces cuando pierden importancia los entresijos de la interna palaciega, se diluyen las opiniones de los analistas económicos y se olvidan esos viejos debates que nunca terminan por saldarse en forma definitiva. Es en ese momento cuando la atención de todo un país se concentra en un solo punto fijo: ese edificio, ese aeropuerto, esa villa olímpica, donde transcurren los hechos. La imaginación popular completa las informaciones ambiguas; las conjeturas de entrecasa reemplazan a la opinión de calificados especialistas, que no saben ya qué decir ante las cámaras; la tensión se respira en las calles y se comparte en los rostros de los vecinos de la misma ciudad.

Tercero, cada uno de estos episodios está marcado por esas horas de tensa negociación, de plena incertidumbre, de difícil diálogo con secuestradores dispuestos a todo. Periodos, claro está, alternados con el estudio de opciones de rescate violento, como primera alternativa. Horas marcadas también por esa certeza que muchos gobernantes comparten y defienden como única verdad, una convicción que siempre deja a la vida de los cautivos en segundo plano, detrás de afirmaciones tan absolutas como riesgosas: negociar es para los débiles, retroceder es el principio del fin, dialogar con ese otro terrorista es otorgarle legitimidad; las naciones poderosas no entregan concesiones, no vacilan: atacan. Certezas que muchas veces terminan sepultando a muchos bajo los pesados costos de una drástica e intempestiva decisión, llevándose para siempre su capital político o hasta sus cargos de privilegio.

Otro común denominador recorre cada una de las historias abordadas en este libro: la trama política. No es como en las adocenadas producciones de Hollywood donde los buenos y los malos son reconocibles y están armados en un claroscuro de cartón. Otra índole tienen los casos reales que veremos. Son acciones con fines propagandísticos, instrumentos para conseguir la liberación de prisioneros aliados o para exigir el retiro de tropas invasoras, mecanismos para presionar al enemigo o para negociar un rescate en condiciones más favorables; la dinámica de una toma de rehenes está marcada desde el principio por la conflictividad política. No hay chance de comprender el complejo trasfondo de cada caso sin profundizar primero la mirada sobre un pasado que ha marcado a fuego la historia de pueblos en beligerancia, que los enfrenta y los diferencia, que los carga de resentimiento y de desesperación, que los empuja al abismo de medidas extremas cuando ya no quedan otras opciones.

Es que se trata en todos los casos aquí tratados, y contra la opinión de muchos dirigentes del civilizado mundo que asiste a estas crisis como espectador, no de la irracional conducta de grupos terroristas aislados de la realidad, no del absurdo capricho de un puñado de dementes que eligen poner en peligro vidas humanas para satisfacer su cuota de desprecio por la humanidad, sino de problemas de una insondable raíz histórica que no han sido superados, y que irrumpen en la superficie a través de episodios de dramático planteo y ardua resolución.

Se dan en cualquier momento, en cualquier lugar, del modo menos pensado. El reclamo de los palestinos por el despojo de su territorio por parte del Estado de Israel; la exigencia de los chechenos por su independencia de esa Rusia potencia y heredera del régimen soviético de antaño; la defensa de los iraníes de su revolución islamista ante el imperio occidental, cómplice de la tiranía; la puja cotidiana de organizaciones guerrilleras peruanas y colombianas con los gobiernos de turno en sus países, marcados por la pobreza, la exclusión y la ausencia de alternativas...

No se trata (obvio aunque tal vez necesario es decirlo) de justificar método violento alguno. Pero es que en cada uno de estos eventos surge la trama oculta de una historia que forma parte del acervo cultural de varias generaciones, elementos que son casi tan importantes como la misma crónica de los acontecimientos o el devenir del dramático epílogo que se avecina. Es que detrás de la decisión de asaltar una fortaleza enemiga;

detrás de la voluntad de tomar rehenes para plantear exigencias por la fuerza de las armas; detrás de la convicción necesaria para arriesgar las vidas (propias y ajenas) en una acción a todo o nada y de conclusión trágica en casi todos los casos, es posible también conocer el grado de desesperación, organización e impotencia de muchos sectores silenciados en las sociedades modernas. No hablamos de secuestros meramente delictivos o con fines sólo de recaudar dinero. Los aquí tratados aluden a sectores que de un modo u otro buscan, además, la atención mediática para denunciar injusticias o para reclamar de modo masivo transformaciones concretas, despertar conciencias que suponen podrían llegar a ser afines, y lo hacen a fuerza de exponer (y exponerse) a una muerte trágica.

Del mismo modo, el comportamiento de los cautivos —víctimas inocentes de circunstancias que siempre los exceden— durante las breves o extensas jornadas de crisis, su actitud cambiante durante los operativos de rescate y sus testimonios posteriores —tan importantes para conocer la verdad de los acontecimientos y para desmoronar las versiones oficiales preparadas para la ocasión— también permiten identificar peculiaridades de un estructura social que se ve alterada.

Flaquezas, debilidades y cobardías se entrecruzan con gestos heroicos, valentías inesperadas y actos de arrojo y solidaridad que se manifiestan cuando el tiempo ya no vale demasiado y la vida es una moneda lanzada al aire. En un momento dado, el futuro pierde sentido y el presente se limita a esperar.

Del otro lado, se preparan los soldados, se alistan las armas y se dibujan los mapas precisos para disponer el asalto. Ya es pasado el trabajo de los encargados de Inteligencia, la preparación de perfiles psicológicos, el análisis de posibilidades concretas, el debate sobre costos y beneficios antes de optar por el camino más corto hacia el final de la crisis. Ahora se escuchan órdenes precisas, se anotan registros de movimientos y objetivos para el ataque, se memorizan pasos a seguir y se controlan los nervios. Dentro del perímetro de acción sólo habrá espacio para la confusión, los disparos, el humo y el fuego, un contexto que no concede seguridad respecto de esa delgada franja existente entre secuestradores y rehenes a la hora de apuntar los rifles.

La respiración de todo el mundo se suspende. Sólo hay lugar para divisar fogonazos, sangre y escombros, o para escuchar gritos desesperados, ráfagas de metralla y explosiones. Detrás, entre cadáveres y destrucción, puede quedar enterrada alguna carrera política o erigirse en héroe nacional un soldado con buena puntería.

En definitiva, es después del asalto, cuando el humo se disipa y los periodistas establecen las culpas o las responsabilidades, que es posible dibujar un perfil concreto a nivel general. Es siempre después de episodios traumáticos (y aunque sea por un breve tiempo) que las sociedades se miran a sí mismas, se juzgan por sus errores, se preguntan por lo que vendrá y reflexionan acerca de lo que hasta hace unos días no los inquietaba. ¿Es tiempo de volver a la normalidad, olvidar lo sucedido y actuar como si nada de todo aquello hubiera acontecido? ¿Es momento de hurgar en las raíces del problema que estalló en mil pedazos durante la toma de rehenes? ¿O es la oportunidad inmejorable para buscar chivos expiatorios y mantenerse al margen de cualquier cuestionamiento? ¿Hasta dónde persisten las heridas abiertas por estos sucesos trágicos? ¿Hasta cuándo transitar con la tristeza ante la masacre o el alivio del éxito? ¿Qué hacemos con todo esto que somos?

Con la potencia de las frases hechas y los lugares comunes, nadie podrá cansarse nunca de mencionar que las crisis son momentos de oportunidades. Oportunidad de cambiar, de asumir aquello que se está haciendo mal para modificarlo; de escuchar las voces silenciadas y evitar que esos reclamos asuman las formas temibles del terrorismo; de anotar las deudas pendientes y tener la plena certeza de que, mientras esos problemas no sean atendidos, será imposible avanzar o convivir en armonía.

Es en ese momento de discursos altisonantes o miradas huidizas, de entrega de condecoraciones o de búsqueda de culpables, que será posible advertir si hemos aprendido una lección o si persistiremos en el mismo error. En los restos humeantes de un edificio, en la sangre todavía tibia de las víctimas y de sus victimarios, en los escombros de un pasado que ya nunca volverá a ser lo mismo, es donde habrá que comenzar a buscar, de una vez por todas, las respuestas a tantos interrogantes.

Capítulo 1
SUCEDIÓ EN ENTEBBE
Operación Trueno (Uganda, 1976)

"No estoy muy seguro acerca de esta operación. Nunca hemos tenido
tantos rehenes en esta situación.
La información militar es muy limitada.
Ésta va a ser la operación más riesgosa que yo jamás haya conocido."

Primer ministro Yitzhak Rabin, en un diálogo secreto en los
días previos al lanzamiento del operativo de rescate

El joven pasajero, sentado en segunda clase, miró su reloj por enésima vez desde que el vuelo 139 de Air France, procedente de Tel Aviv, despegó de Atenas con rumbo a París. Eran las 12:29. Había llegado la hora.

Se levantó de su asiento y sin mirar atrás, supo que un camarada seguía sus pasos. Igual de puntual. Igual de exacto. Sin verlos, también podía adivinar que el mismo gesto se estaba repitiendo no lejos de allí, más allá del cortinado que dividía ese sector del de primera clase. En el avión, cuatro individuos abandonaban intempestivamente sus asientos y caminaban hacia la cabina del piloto. Los jóvenes palestinos se aferraron a sus cuchillos y golpearon la puerta de la cabina.

Algunos minutos más tarde, los pasajeros del Airbus A300 veían su almuerzo interrumpido por un anuncio inesperado. La voz de los altavoces fue clara:

"El avión ha sido secuestrado. De ahora en adelante se llamará *Haifa*. No queremos hacerles daño, permanezcan en sus asientos, con las manos en su cabeza. Es por su seguridad".

El breve mensaje inquietó a los pasajeros, pero demoraron bastante en comprender el trasfondo de los hechos detrás de aquella voz que, en un francés con innegable acento arábigo, les explicaba cómo sus vidas iban a cambiar para siempre.

Era el 27 de junio de 1976. El avión de Air France, con doscientos cuarenta y ocho pasajeros y doce tripulantes, fue secuestrado en el aire por dos integrantes de la célula "Che Guevara" del Frente Popular para la Liberación de Palestina-Maniobras Externas (FPLP-ME), y dos simpatizantes europeos de la organización Baader-Meinhoff (Células Revolucionarias, una fracción del Ejército Rojo): los alemanes Wilfried Bose y Brigitte Kuhlmann.

Era el inicio de un periplo con final incierto.

La orden de los secuestradores fue desviar de inmediato el vuelo hacia Benghazi, Libia. Allí, con la anuencia del gobierno del coronel Gadaffi, permanecieron durante unas siete horas, hasta que se los aprovisionó de combustible.

A las 3:15 de la tarde del 28 de junio el avión levantó vuelo. Esta vez con rumbo al hasta entonces ignoto aeropuerto internacional de Entebbe, a treinta y dos kilómetros de Kampala, la capital ugandesa, el escenario último de esta historia.

En Entebbe, los cuatro secuestradores ya contaban con el apoyo logístico de otro grupo de cómplices en tierra. También sabían de la simpatía que su accionar despertaba en el polémico y extravagante presidente local, Idi Amin, quien a pocos minutos de llegados a Uganda se presentó ante los rehenes como "un mediador". Sonriente y relajado, Amin acaparó la atención de todos los cautivos mediante algunas pocas y perturbadoras palabras:

"Debo decirles que todo depende de sus gobiernos. Si no llegan a un acuerdo con los terroristas, nosotros no sabemos qué puede pasar".

El escenario estaba listo. El drama comenzaría a desenvolverse de inmediato.

El carnicero de Kampala

La contradictoria biografía del dictador Idi Amin Dada merece un apartado especial, ya que su controvertido prontuario terminaría por resultar esclarecedor a la hora de intentar analizar las razones de la elección de Entebbe como destino del avión secuestrado. Tercer presidente de Uganda, su gestión se desarrolló entre 1971 y 1979. Llegó al poder en la ex colonia británica a través de un golpe de Estado. Una semana después de tomar el poder, desoyendo sus propias promesas de convocar a elecciones libres y pelear por una democracia genuina en su país, Amin anunció la suspensión de todas las actividades políticas; abolió los derechos de la Asamblea; anuló el ejercicio de las libertades y estableció, como norma disciplinaria inmediata, las detenciones sin expresión de justificativo alguno.

Además, se proclamó a sí mismo presidente de Uganda, comandante en jefe de las Fuerzas Armadas y jefe de los Estados Mayores del Ejército de Tierra y del Aire. Es decir, se preocupó de forma meticulosa de concentrar en sus manos absolutamente todo el poder político y militar de la nación. Pero no sólo eso: su intención de perpetuarse en todos los cargos lo empujó al extremo de autoproclamarse con títulos tan disparatados como Presidente Vitalicio, Mariscal de Campo, Señor de Todas las Bestias de la Tierra y de los Peces del Mar, Conquistador del Imperio Británico en África en General y Uganda en particular, y hasta Aspirante a Rey de Escocia.

Su gestión en el gobierno de Uganda quedó marcada por la huella de repetidas violaciones a los derechos humanos; la persecución política y étnica de sus opositores (particularmente, de los grupos acholi y lango); las ejecuciones extrajudiciales a través de la imposición de tribunales militares de rápida expedición; una corrupción absoluta y una desastrosa gestión económica. En Uganda se estiman en más de trescientas mil las víctimas fatales, entre asesinados y desaparecidos, durante su sangrienta dictadura.

¿Cómo fue posible que Amin manejara los hilos de Uganda, un país clave en la geopolítica africana, durante tanto tiempo con semejante cuota de crímenes políticos y denuncias en su contra por parte de innumerables organismos de derechos humanos de todo el mundo?

La explicación de su permanencia en el poder absoluto está estrechamente ligada a su papel como disciplinado alfil del anticomunismo occidental en plena Guerra Fría, y a un pragmatismo político que lo llevó a alinearse con potencias de signo ideológico opuesto, según las conveniencias de cada caso. Primero gozó del respaldo financiero y político del estado de Israel, para después apoyarse en el gobierno de Gadaffi, en Libia, y más tarde volcar su simpatía hacia los regímenes de detrás de la Cortina de Hierro, como la Unión Soviética y Alemania Oriental.

A la hora de profundizar en la alianza de Amin con Israel, hay que señalar que ella contaba con un origen histórico (en sus años de joven oficial recibió instrucción militar en Tel Aviv) y una raíz política. Israel apoyaba la rebelión en el sur de Sudán para castigar al gobierno de ese país por apoyar la causa árabe en la Guerra de los Seis Días. En ese sentido se cruzaron sus intereses: gran parte de la etnia kakwa (de confesión islámica), a la que pertenecía Amin, vivía en el sur de Sudán. Y por esa razón, el presidente de Uganda gozó durante años del suministro de armamento de un gigante militar como el israelí. Al parecer, según una serie de documentos desclasificados por la Oficina de Documentos Públicos de Gran Bretaña, el apoyo israelí al régimen de Amin comenzó desde el mismo golpe de Estado que lo ungió como máximo líder político: según los informes difundidos entonces, el coronel Bar Lev, agregado militar israelí en Kampala, se entrevistó con Amin el día del levantamiento militar para presentar una planificación general de sus primeros pasos en el gobierno. Como no podía ser de otra manera, el primer viaje oficial de Amin como mandatario de Uganda fue a Israel.

También para los británicos fue una excelente noticia su llegada al poder en Uganda, tal como lo prueba un documento del Foreign Office. Allí, a poco de anoticiarse del derrocamiento de su antecesor en la presidencia, Milton Obote, la delegación británica confiesa abiertamente:

"El general Amin ha removido de la escena africana a uno de nuestros enemigos más implacables en asuntos que afectan al sur de

África. Nuestro porvenir en Uganda, sin dudas, ha aumentado considerablemente, dado que contamos con las oportunidades abiertas para nosotros. Ahora tenemos un gobierno profundamente prooccidental formado en Uganda, del cual deberíamos aprovecharnos pronto. Amin necesita nuestra ayuda".

Sin embargo, la relación con Israel se rompió en 1972, cuando el dictador se indignó ante la negativa de Tel Aviv de aumentar la ayuda militar y decidió expulsar de su país a los asesores militares que él mismo había exigido de su hasta allí aliado. Desde entonces, se transformaría en uno de los líderes africanos más críticos de Israel, llegando incluso a proyectar planes de invasión y a proferir, ante las cámaras del documentalista europeo Barbet Schroeder, citas como la que sigue:

"Aunque algunas personas sienten que Adolf Hitler era malo, era un gran hombre y un conquistador, cuyo nombre real nunca deberá ser olvidado".

En el mismo sentido, en un telegrama enviado al secretario general de las Naciones Unidas (ONU), Kurt Waldheim, Amin afirmaba en tono provocativo:

"Expreso mi apoyo a la figura histórica de Adolf Hitler, que hizo una guerra para unificar Europa y cometió el grave y único error de perderla".

Otras potencias demoraron más tiempo en romper relaciones con el "Carnicero de Kampala". Recién en 1973, el gobierno de Estados Unidos anunció el cierre de su Embajada en Uganda, luego de recibir un informe de su embajador, Thomas Patrick Melady, quien caracterizó al gobierno de Amin como:

"Racista, errático, impredecible, brutal, inepto, belicoso, irracional, ridículo y militarista".

Ése era el dueño de casa en la escena que comenzaba a desenvolverse.

Sin tiempo qué perder

La única exigencia del grupo secuestrador del vuelo de Air France fue la liberación inmediata de cuarenta palestinos detenidos en cárceles israelíes, y de otros cincuenta y tres en Kenia, Francia, Suiza y Alemania Occidental. Impusieron como fecha tope el 1 de julio siguiente: si los presos no eran liberados para entonces, volarían el avión con todos los rehenes en su interior.

En tanto aguardaban una respuesta, los rehenes fueron divididos en dos grupos, según la procedencia judía de cada uno o de sus vínculos con el estado de Israel. De ese modo los mantuvieron durante una semana en la sala de tránsito del aeropuerto de Entebbe, a la espera de alguna noticia.

Finalmente, ciento cincuenta y seis de los pasajeros no judíos fueron liberados en otro vuelo de la aerolínea francesa. Permanecieron en cautiverio otros ciento cinco, entre pasajeros y tripulantes. De hecho y apenas fueron notificados de su inminente liberación, el comandante del vuelo 139, Michael Bacos, y el resto de los integrantes de la tripulación francesa anunciaron a los secuestradores que no abandonarían al resto de los rehenes hasta tanto se pusiera fin a la crisis. Otra que rechazó el ofrecimiento de la liberad fue una monja, quien exigió quedarse con el resto de los detenidos, pero no halló eco. Los soldados ugandeses la obligaron a abordar el avión que se llevaría a los liberados.

Lejos de allí, en Tel Aviv, el camino diplomático fue el primero elegido por el gobierno. Para esa tarea, ningún otro hombre era más adecuado que el ex asesor militar del dictador ugandés, el oficial ahora retirado Bar Lev quien, aprovechando su relación personal con Amin, se comunicó con él e intentó persuadirlo de que pusiera en libertad a los rehenes. No tuvo éxito.

El siguiente paso fue presionar a Estados Unidos para que, a su vez, exigiera de Egipto un gesto de diálogo y acercamiento con Uganda y con la Organización para la Liberación de Palestina (OLP), en procura de evitar una masacre. Pero había poco tiempo y las horas volaron.

Llegó el 1 de julio, la fecha fijada por los comandos palestinos como tope para la liberación de sus compatriotas. La respuesta de Israel fue pedir más tiempo: ofreció avanzar en las negociaciones a cambio de estirar el plazo hasta el 4 de julio. La prórroga fue apoyada por el mismo Amin, quien expuso como principal motivación para ella un viaje diplomático al pequeño país de Mauricio, con el objeto de entregar la presidencia de la Organización para la Unidad Africana.

El margen obtenido fue el puntapié inicial para las Fuerzas de Defensa de Israel (FDI). Era el momento de lanzarse a todo o nada y apostar a la variable militar para rescatar a los rehenes.

Para tal fin, se designó como máximo responsable al mayor general Yekutiel Adam. La primera etapa organizativa estuvo basada en reunir toda la información aportada por los rehenes liberados en Entebbe (que habían sido sometidos a largos interrogatorios por parte de la Inteligencia israelí en París). Debían diseñar un mapa lo más exacto posible de la ubicación de los prisioneros en el aeropuerto, evaluar el armamento de los secuestradores y la disposición de los soldados ugandeses. El Mossad también construyó una meticulosa maqueta de la vieja terminal aérea, sobre la base de los informes de las empresas israelíes que se habían encargado de su construcción varios años atrás.

Algunas fuentes señalan que, si bien apostó a la salida militar, el Gobierno israelí no descartaba la posibilidad de liberar de inmediato a los prisioneros palestinos en caso de que fracasara la audaz Operación Trueno, como un intento final por salvaguardar la vida de los rehenes ante lo que imaginaban una inminente represalia.

En cuanto a la opción militar, se barajaron varias posibilidades, como un ataque masivo a partir de cientos de paracaidistas y un desembarco de lanchas provenientes de Kenia, por el lago Victoria. Finalmente, la opción que prevaleció fue la del rescate aéreo, imitando un plan similar que en 1968 se utilizó para recuperar un avión secuestrado en Argel.

Se pensaba ejecutar la operación en una noche. Más precisamente, la del 3 de julio de 1976. Entonces, unos cien soldados de la unidad doscientos sesenta y nueve de reconocimiento Sayeret Matkal, del ejército de Israel, la principal unidad antiterrorista y de infiltración del país, se dividieron en varios grupos: el comando terrestre y equipo de control (donde se ubicó la comandancia general); el equipo de asalto integrado por veintinueve soldados liderados por el teniente Yonathan Netanyahu (hermano mayor del líder del partido conservador Likud, quien sería, muchos años después, primer ministro de Israel de 1996 a 1999 y nuevamente desde 2009 hasta la actualidad); y el equipo de refuerzo, responsable de la seguridad del área y de la destrucción del escuadrón de aviones de guerra del aeropuerto para garantizar la huida.

Aligeraron los preparativos. Llegado el momento, todos se miraron por última vez y tragaron saliva. Se dieron voces de aliento. El plan era ambicioso. ¿Funcionaría?

Fuego en Entebbe

Aquella madrugada, en las penumbras, partió rumbo a Uganda el equipo de rescate. Cuatro aviones de transporte turbohélice C-130 Hércules eran acompañados por otros dos Boeing 707; el primero controlaba el centro de comunicaciones; el segundo, que transportaba a personal y dispositivos médicos, aterrizó en Nairobi, Kenia.

Se estableció tomar la ruta por la península de Sinaí sobre Sharm el-Sheij, volando sobre el Mar Rojo en dirección sudeste, siempre a muy baja altura (nunca a más de treinta metros, aunque fuese riesgoso) para evitar ser detectados por los radares de los ejércitos de Egipto, Sudán y Arabia Saudita, o por los buques soviéticos.

El primer C-130 pisó suelo ugandés a las 23 horas, después de atravesar el espacio aéreo de Sudán, Somalia y Etiopía. Apenas inició el aterrizaje, abrió la compuerta de carga, desde donde descendieron −con el avión aún carreteando− dos miembros de la Sayeret Golani para colocar balizas de emergencia sobre la pista de aterrizaje, como medida precautoria en caso de un apagón general en todo el aeropuerto. Casi de inmediato, bajaron por el portón trasero del avión un auto Mercedes Benz negro, seguido de dos Land Rover. La intención era aprovechar al máximo el elemento sorpresa, y procurar confundir a los guardias ugandeses con transportes similares a los que usualmente utilizaban los funcionarios de más alto rango del gobierno de Amin. Sobre cada uno de los autos flameaba la bandera ugandesa, pero en su interior se amontonaban decenas de comandos israelíes.

Cuando los vehículos se toparon con el primer retén de soldados en el aeropuerto, la fachada cayó de inmediato (al parecer, Amin utilizaba en sus últimos viajes un coche de color blanco). Se produjo un tiroteo entre los guardias y los comandos, que disparaban desde la caravana de vehículos. Usaron pistolas con silenciador, procurando mantener lo más inadvertido posible el incidente. Los disparos del Mercedes Benz hirieron a los dos guardias, pero fue un integrante del grupo que viajaba atrás en el Land Rover el que se encargó de ejecutarlos con una ráfaga de su rifle de asalto. No está claro si uno de los disparos de los atacantes alertó a los ugandeses o si fueron los soldados del retén los que alcanzaron a disparar, pero lo cierto es que el ruido de las balas aniquiló el factor sorpresa. Ahora sí, no había tiempo qué perder.

El comando israelí procuró mantener la iniciativa. Abandonó los vehículos y se dividió en tres grupos; uno se dirigió a la torre de control y los dos restantes marcharon hacia la terminal. De ese modo, se lanzó al asalto de la terminal aeroportuaria.

"¡Permanezcan en el piso! ¡Somos soldados israelíes!", gritaron los comandos en hebreo y en inglés, en mitad de la confusión que se apoderó del *hall* del aeropuerto, para intentar alertar a los rehenes mientras comenzaban los tableteos de las ametralladoras y los gritos de desesperación.

Pese a las advertencias, uno de los cautivos, un joven francés de diecinueve años de nombre Jean-Jacques Maimoni, no atendió la orden de los comandos. Se incorporó para intentar escapar y cayó atravesado por una ráfaga de disparos. También

Pasco Cohen, de cincuenta y dos años, e Ida Borochovitch, de cincuenta y seis, recibieron una descarga por error de los soldados, al quedar expuestos en el fuego cruzado con los militares ugandeses. Ellos tres fueron los rehenes caídos durante el rescate. Un cuarto rehén –Dora Bloch, una anciana inmigrante judía-británica de setenta y cinco años– fue ejecutado como represalia por el ejército ugandés horas después de finalizado el operativo, en la habitación del hospital Mulago, de Kampala, donde se rehabilitaba. Los restos de la anciana aparecieron algunos años más tarde en una plantación de azúcar, a treinta kilómetros de la capital ugandesa.

La cacería contra los palestinos y los soldados africanos se extendió a otros sectores de la terminal de Entebbe. Los israelíes avanzaban abriéndose paso con granadas de mano y disparando contra todo lo que se moviera, en mitad de una cortina de humo y ráfagas de fuego. Al mismo tiempo, en la pista aterrizaba otro de los C-130 Hércules. Debía disponer todos los detalles para el aprovisionamiento de combustible, hacer descender un carro de asalto para proteger a los rehenes evacuados y preparar el ataque fulminante contra los siete aviones MIG-21 y los cuatro MIG-17 de fabricación soviética, que esperaban en sus hangares. La destrucción de los aviones era una maniobra que pretendía evitar la persecución a la flota de rescate.

Durante todo el proceso de evacuación, las tropas israelíes debían trasladar al centenar de rehenes liberados a través de varios kilómetros al descubierto, sin protección alguna, a merced de los tiradores ugandeses que, desde lo más alto de la torre de control del aeropuerto, probaban puntería contra ellos. En ese trayecto fue herido de muerte el comandante Netanyahu, el único militar israelí víctima fatal de la Operación Trueno, si bien otros cinco recibieron heridas de distinta gravedad.

Los comandos israelíes abatieron a trece terroristas y a unos cuarenta y cinco soldados ugandeses durante el procedimiento.

Todo se hizo eterno pero fue increíblemente rápido; cincuenta y dos minutos después de iniciada la maniobra y después de treinta minutos de asalto, el segundo C-130 Hércules levantó vuelo rumbo a Tel Aviv, vía Nairobi.

Eran las 23:52, y por las ventanillas del avión podía divisarse el aeropuerto de Entebbe: era una línea de humo y llamas que apenas se dibujaba en el horizonte africano. Los integrantes del comando se miraron unos a otros y se abrazaron con satisfacción y alivio.

Sin condena

Entre las víctimas de la operación, la peor cuota se la llevaron los soldados rasos ugandeses. En los breves minutos que duró la acción, los oficiales que debían custodiar el aeropuerto estaban participando de una fiesta en el hotel Lago Victoria. Al parecer, apenas se escucharon los primeros disparos huyeron a sus casas y obligaron a sus familiares a no responder ninguna llamada telefónica. La actitud de Amin no se distanció demasiado de la de su oficialidad: inseguro en su residencia, el mandatario optó por esconderse en la casa de su chofer durante la operación.

Un centenar de ciudadanos keniatas de paso por Uganda padeció las consecuencias de la ira del dictador Amin. Receloso por la colaboración del gobierno de Kenia con los militares israelíes, Amin ordenó la ejecución de todos ellos como represalia por la traición.

El siguiente paso del dictador fue convocar, a través de su ministro de Relaciones Exteriores, una reunión urgente del Consejo de Seguridad de la ONU para intentar lograr una condena oficial contra el estado de Israel, por la violación de su soberanía durante el operativo. Sin embargo, el Consejo de Seguridad evitó referirse al tema, y las expresiones de respaldo al accionar israelí se multiplicaron por todo el mundo.

Además de los elogios de los gobiernos de Suiza y Francia, Alemania Occidental caracterizó la maniobra como "un acto de legítima defensa". Los representantes de Gran Bretaña y Estados Unidos coincidieron en definirla como "una operación imposible". Hasta los países bajo la égida de la Unión Soviética procuraron mantenerse en silencio sobre el episodio. Pese a ello, en una conversación privada con el embajador israelí en

Washington, el secretario Henry Kissinger manifestó algunos reparos por la utilización de equipamiento estadounidense durante el operativo.

Durante la asamblea en la ONU, el embajador israelí, Chaim Herzog, fue el encargado de cerrar la discusión con estas palabras:

"Nosotros venimos con un simple mensaje para el Consejo: estamos orgullosos de lo que hemos hecho porque hemos demostrado al mundo que para un país pequeño, en las circunstancias de Israel, las cuales a los miembros de este Consejo les son por ahora muy familiares, la dignidad del hombre, la vida humana y la libertad constituyen los valores más altos. Nosotros estamos orgullosos no sólo porque hemos salvado la vida de más de cien personas inocentes, sino también por el significado de nuestro acto para la causa de la libertad humana".

Un aplauso cerrado coronó las palabras de Herzog, y muchos se pusieron de pie.

¿El Gran Simulador?

La operación en Entebbe es señalada de forma unánime como un modelo ejemplar en términos militares. La rapidez de la acción, la efectividad de la tarea en la zona de conflicto, la preservación de la vida de la mayor parte de los rehenes y el escape ordenado y completo del grupo comando persisten en el imaginario internacional como uno de los planes de rescate más eficaces de toda la historia moderna.

Fue a partir de Entebbe que las Fuerzas Armadas de Israel, y particularmente su Inteligencia militar, acumularon prestigio en todo el mundo y se convirtieron en referencia obligada para episodios de este estilo.

Sin embargo, algunos datos difundidos recientemente en la prensa internacional comienzan a generar dudas y a expandir el virus de la incertidumbre sobre la veracidad de algunos aspectos de la Operación Trueno.

Un documento desclasificado por los Archivos Nacionales británicos en junio de 2007, y difundidos por la cadena BBC y los matutinos *The Guardian* y *The Telegraph*, destapó el escándalo y montó una sombra de duda sobre todo el plan.

El secuestro del avión, ¿fue una operación organizada por los mismos servicios secretos israelíes, con la complicidad de agentes infiltrados en las fuerzas palestinas?

El entonces secretario de la Embajada británica en París, David H. Colvin, anotó en un memorándum secreto dirigido a la Asociación Parlamentaria de Cooperación Euroárabe las líneas que siguen:

"Según la información de este señor (Colvin no cita la fuente a la que se refiere), el secuestro fue obra del FPLP, con la ayuda de la Shin Bet".

La Shin Bet no es otra que el Servicio Interno de Seguridad y Contrainteligencia de Israel —a diferencia del Mossad, que se encarga de las operaciones fuera de las fronteras del país—, y Colvin, quien define esta extraña alianza como *"non sancta"*, explica en el informe:

"La operación fue diseñada para torpedear la posición de la OLP en Francia y para frenar lo que ellos consideran un acercamiento creciente entre la OLP y Estados Unidos".

En el informe también se detallan algunas conjeturas acerca de que el FPLP (un grupo radical de identidad marxistaleninista y opositor al hegemónico Al Fatah, de Arafat, en la interna palestina) estaba muy interesado en desplegar algunas acciones de alto impacto para interrumpir las conversaciones entre la OLP y Estados Unidos.

Respecto de las intenciones de Israel, Colvin añade:

"Su pesadilla es que después de las elecciones de noviembre [de 1976, en las que el demócrata James Carter se impuso en las presidenciales estadounidenses] se asista a la imposición en Medio Oriente de una Pax Americana que favorecerá a la OLP (que puede ganar respetabilidad internacional y tal vez el derecho a establecer un Estado en los territorios evacuados) y perjudicará al Frente de Rechazo (que será dejado a un lado en cualquier arreglo general de paz y perderá su razón de ser) y a Israel (que se verá obligado a evacuar los territorios palestinos ocupados)".

Para el diplomático británico, Israel utilizó para urdir el plan a elementos del FPLP, a partir de la tarea de infiltración que realizó en sus filas. En definitiva, los intereses de Israel y del FPLP confluían en un aspecto crucial: los dos deseaban anular el avance de las conversaciones entre la OLP y Estados Unidos.

El objetivo en términos propagandísticos y geoestratégicos era simple: montar una operación exitosa que demostrara, por un lado, la efectividad de las fuerzas militares de Israel ante el mundo, y por el otro, la ligazón directa del reclamo palestino con los métodos del terrorismo, para de ese modo desacreditar a los organismos de negociación de ese pueblo en Europa (particularmente en Francia) y anular cualquier mínimo chance de negociación por mejores condiciones.

En todo caso, según apunta el periodista y poeta argentino Juan Gelman en un artículo difundido por la prensa latinoamericana en noviembre de 2011, no sería la primera vez que el estado de Israel financia, organiza o favorece a movimientos terroristas:

"A fines de los años 70 financió directa e indirectamente a Hamas, entonces en pañales, a fin de socavar la creciente influencia de la OLP, dirigida por el muy laico Yasser Arafat. Además de confiar en quitarle apoyo de masas, la dirección del derechista partido Likud, de Israel, pensaba que podría lograr una alianza viable con las fuerzas islámicas y anti Arafat, lo cual reforzaría el control israelí de los territorios ocupados".

De modo que el propio Likud, el partido conservador que hoy controla Benjamín Netanyahu, podría haber sido uno de los principales responsables del crecimiento de la organización Hamas en Gaza y Cisjordania, grupo apuntado por Tel Aviv como el principal enemigo del pueblo judío.

A este argumento se suman algunos detalles de la operación que en varios especialistas despiertan incredulidad y escepticismo.

Por ejemplo, que seis aviones traspasaran el espacio aéreo de varias naciones africanas y árabes sin ser detectados; que dos de esos aviones pudieran aterrizar y maniobrar sin luces y rodeados de guardias ugandeses; que los observadores aéreos de Entebbe en ningún momento sospecharan de su arribo intempestivo, pese a que, según la versión oficial israelí, la torre de control estaba copada por soldados de Amin.

La respuesta lógica ante estas conjeturas y denuncias desde el estado de Israel se limitó al repetido argumento de la "conspiración antisemita" y sólo algo más. El general retirado Yehoshua Shani se apresuró en afirmar:

"Es simplemente increíble que alguien en Israel haya colaborado con ese secuestro, aunque sea parcial o tangencialmente. Esa teoría es simplemente un absurdo".

Cierta o absurda, la alternativa de un gigantesco operativo transformado en una estratagema propagandística sigue haciendo ruido en los principales medios de Gran Bretaña, a partir de la difusión de los documentos secretos.

Y no son pocos los que se preocupan por señalar una y otra vez, como una clave oculta pero a la vista de todos, el lema identitario del Mossad:

"Por medio del engaño, harás la guerra".

Capítulo 2
SANGRE EN LOS JUEGOS OLÍMPICOS
Operación Septiembre Negro (Alemania, 1972)

Parecían atletas de regreso de una noche divertida por los bares de Munich. O al menos, eso habrán pensado algunos integrantes del equipo olímpico estadounidense, quienes se detuvieron unos segundos para ayudar a los ocho deportistas que intentaban trepar el alambrado que los separaba del interior de la Villa Olímpica, aprovechando las laxas medidas de seguridad. Después de todo, no eran los únicos resueltos a no dejar pasar la oportunidad de disfrutar de la noche al final del quinto día de competencia, y no eran los únicos en salir de juerga unas horas para después retornar procurando no ser advertidos por sus entrenadores ni por el personal de vigilancia, apostado en los ingresos principales a la Villa.

A nadie le llamó la atención, tampoco, que los ocho atletas protegieran con tanto celo sus bolsos de mano, al momento de pasar al otro lado del alambre, a las 4:10 de la madrugada.

De poco sirvieron los quince mil policías que vigilaban la periferia del Parque Olímpico, los veinticinco helicópteros dispuestos para controlar cualquier anormalidad, los doce mil soldados apostados en las cercanías, prestos para actuar ante cualquier eventualidad; todos al servicio del dispositivo de seguridad durante los Juegos.

Una vez que lograron infiltrarse en el Parque Olímpico, los ocho hombres se movieron con sigilo rumbo a uno de los edificios, donde dormía gran parte de la delegación olímpica de Israel. En algunos segundos, cubrieron sus rostros con pasamontañas de esquiadores y sacaron de sus bolsos los fusiles AK-47.

Estaban listos para entrar en acción.

Ingresaron procurando hacer el mínimo ruido por la puerta del primer departamento, pero no lograron evitar ser descubiertos por el entrenador Moshé Weinberg, de treinta y tres años, quien regresaba de comer en un restaurante cercano. Luego de algunos segundos de duda e incredulidad, Weinberg se abalanzó con un cuchillo en la mano sobre el primero en la fila de terroristas, mientras gritaba intentando alertar al resto de los atletas que descansaba en las habitaciones. En medio de la trifulca cuerpo a cuerpo, que terminó con la muerte del entrenador, nueve atletas pudieron escapar por las ventanas de sus habitaciones y hasta uno de ellos, el levantador de pesas Joseph Romano, alcanzó a arrebatarle el fusil a uno de los secuestradores, pero murió de inmediato víctima de un disparo de otro miembro del grupo atacante.

El comando palestino, bautizado con el nombre de "Ikrit Biraam" en recuerdo de dos poblados que Israel había arrasado en 1948, tomó entonces como rehenes a nueve de los veinte integrantes de la delegación de atletas del equipo olímpico de Israel.

En el marco de los Juegos Olímpicos de Munich, centro de las miradas de todo el mundo, daba comienzo el episodio más sangriento de la historia del olimpismo.

Nada podía salir peor

Las negociaciones comenzaron oficialmente a las 5 de la madrugada, y desde ese momento podía advertirse la tensa relación entre los mediadores alemanes y los especialistas israelíes, que intentaron en todo momento, aunque sin suerte, hacerse con el control del proceso de diálogo con los palestinos.

La exigencia de los palestinos fue la liberación inmediata de doscientos treinta y cuatro prisioneros de su nacionalidad, que pasaban los días en las cárceles de Israel, y de dos más que estaban encerrados en Alemania. Pero con las horas y la falta de respuestas, los terroristas fueron achicando sus expectativas, hasta requerir sólo un avión con rumbo seguro a El Cairo como condición para liberar a los rehenes.

En ese preciso momento fracasó el primer intento de rescate militar por parte de las fuerzas de seguridad alemanas. El plan se anuló por la increíble razón de que los terroristas observaban los movimientos de los efectivos militares caminando por los techos de los edificios linderos a través de la señal de una emisora televisiva, que delató cada una de las maniobras de rescate transmitiéndolas en vivo. Se trataba, nada menos, que del primer atentado terrorista emitido en directo para las pantallas de todo el mundo.

El canciller germano Willy Brandt se preocupó una y otra vez por aclarar, ante la avidez de la prensa, que la voluntad de su Gobierno era negociar por las vidas humanas y evitar una masacre, pero en realidad manejó en todo momento la variable militar como puerta de resolución del conflicto. Si bien los negociadores consiguieron extender el ultimátum (llevándolo de tres a cinco horas), los palestinos se negaron a aceptar cualquier oferta económica, pese a que se manejaron cifras millonarias.

En realidad, los alemanes estaban listos para tender una trampa y terminar con la crisis de una vez por todas. Por ello, el ministro del Interior alemán, Hans-Dietrich Genscher, rechazó también las sugerencias de la Inteligencia israelí de enviar asesores propios, simularon aceptar las exigencias de los palestinos y prepararon el traslado de los nueve rehenes y los ocho terroristas en un autobús, hasta la zona donde esperaban dos helicópteros. Estos dos aparatos llevarían a todos hasta el aeropuerto internacional de Munich, desde donde partirían hacia Egipto.

Sin embargo, la trampa se montó en una vieja base aérea militar en desuso, situada no lejos de allí, en Fürstenfeldbruck, donde esperaría un Boeing 727 sin combustible, con efectivos de la policía ocultos en el fuselaje y un despliegue de tropas especiales listas para exterminar a los terroristas.

En ese lugar y con esos recursos habrían de montar el operativo de rescate.

Preocupado por el riesgo de caer en una trampa, el líder del comando palestino salió de la habitación a observar los movimientos en la Villa, advirtiendo a sus hombres que si no volvía en tres minutos, matasen a todos. Pero antes del plazo estimado, regresó y preparó la salida general.

Las armas de los guerrilleros apuntaban a la cabeza de los rehenes durante el tenso traslado. El mundo entero asistía a la escena a través de las pantallas de los televisores. Todo parecía marchar según las promesas de las autoridades alemanas.

El micro llegó a destino. Los dos helicópteros estaban preparados. El vuelo breve en ellos terminó en un oscuro aeropuerto, donde desde el aire ya podía observarse con nitidez el avión prometido. Sólo diez minutos después, los helicópteros aterrizaron y los pilotos apagaron los motores.

En ese escaso lapso, veinticinco tiradores fueron desplegados por las fuerzas alemanas para intentar la recuperación, pero sólo cinco de ellos lograron acercarse lo suficiente. El resto se ocultó en la penumbra de las terrazas vecinas, a la espera de una orden para hacer fuego.

Eran las 23:03 cuando los palestinos descendieron de uno de los helicópteros con un par de rehenes. Caminaron rumbo al avión, no del todo convencidos. En realidad, estaban a punto de descubrir la mentira.

La pista fue alumbrada de repente con focos y bengalas. Y la trampa se cerró sobre los integrantes del comando, que apenas atinaron a repeler el fuego de los francotiradores. Dos atletas israelíes murieron en la balacera, pero al cabo de algunos minutos los disparos se detuvieron. Se habían acabado las municiones de los alemanes.

Nada se supo de los efectivos policiales que permanecían ocultos dentro del avión: recién horas después se confirmaría que habían salido corriendo de allí, presos del pánico, apenas escucharon el primer disparo, frustrando de ese modo gran parte del operativo.

Pero ése no fue el único problema grave. Los francotiradores apostados en la vieja base aérea de Fürstenfeldbruck manejaban la información de que los palestinos eran cinco y no ocho; carecían de experiencia para una misión de semejante envergadura y no contaban con el equipamiento básico: ni rifles de precisión, ni instrumentos con visión nocturna, ni radios para coordinar el fuego. Es más: según se supo después, fueron seleccionados porque practicaban tiro de forma competitiva los fines de semana, y hasta uno de ellos reconoció ante la prensa que de ningún modo se consideraba "un tirador de élite". Por esta razón, horas después del desastre en la base aérea, se creó en Alemania la unidad antiterrorista GSG9, especializada en solucionar casos similares. Pero ya era demasiado tarde.

Pasada la medianoche, después de una pausa de hora y media sin balas de uno y otro bando, y sin noticias de los refuerzos que seguían sin llegar en sus carros de asalto, un efectivo alemán instó a la rendición de los sobrevivientes del grupo palestino, cuyo número desconocía con precisión. Tuvo que pasar más de una hora desde el tiroteo inicial para que los cuatro carros de asalto blindados pudieran llegar al escenario de los hechos. No sólo había existido una demora en la orden para hacerlos llegar, sino que después se habían quedado atascados por el tránsito de las calles de Munich, en mitad de las discusiones entre el Gobierno nacional y el municipal por cuestiones de jurisdicción.

La respuesta de los fedayines, al saberse engañados y al comprender que la llegada de refuerzos terminaría por frustrar del todo sus aspiraciones de fuga, fue cumplir con su misión, una vez traicionada su confianza.

Uno de los guerrilleros disparó con su metralleta contra cinco rehenes maniatados en uno de los helicópteros. Otro de ellos tomó una granada y la lanzó al interior del otro helicóptero. La nave estalló en mil pedazos, sellando la suerte de cuatro rehenes y del piloto alemán.

Un segundo tiroteo dejó a sólo tres terroristas como sobrevivientes del infierno. Hubo un saldo final de dieciséis muertos: los nueve atletas israelíes; cinco miembros del grupo comando palestino; un policía alemán y el piloto de uno de los helicópteros.

Era el penoso final para todos, y un increíble cierre para una interminable lista de fallas de seguridad de los anfitriones de los Juegos Olímpicos.

El 14 de agosto de 1972, la Embajada alemana en Beirut había recibido una primera información sobre un probable atentado durante ese encuentro (se mencionó la posibilidad de que un avión de Lufthansa fuera secuestrado durante la ruta Bruselas-Londres y trasladado a Yemen del Sur), y el 2 de septiembre, tres días antes del ataque, varias publicaciones –entre ellas la revista italiana *Gente*– alertaron que un grupo de cinco palestinos viajaba de Beirut rumbo a Alemania y planificaba "un acto sensacional" durante el evento.

Sin embargo, Alemania se empecinó en mantener ajena a la Villa Olímpica de cualquier presunción de inseguridad y evitó reforzar los controles durante aquellos primeros días, quizá intentando no repetir viejas imágenes de 1936, cuando los Juegos estuvieron bajo el dominio nazi en Berlín.

Otra de las conclusiones realizadas *a posteriori* por los servicios de inteligencia alemanes confirmó que el grupo comando palestino estaba precariamente entrenado y contaba con graves problemas logísticos (ni siquiera conocían en profundidad la Villa Olímpica hasta que entraron a ella), lo que pudo haber mermado mucho sus oportunidades de efectuar una acción importante en Munich. Según los registros, los terroristas habían tenido problemas hasta para conseguir un hotel en la ciudad durante el evento olímpico, pero muchas de estas informaciones se mantuvieron bajo estricto secreto, para evitar dejar al desnudo las graves fallas cometidas por los organizadores en materia de seguridad y prevención.

Una historia negra

En septiembre de 1970, guerrilleros palestinos secuestraron seis aviones comerciales en el aeropuerto jordano de Zarqa. La respuesta del Gobierno jordano fue ordenar masacrar varios campamentos de refugiados palestinos, una reacción que dejó como saldo la muerte de tres mil quinientos palestinos. Por ese acontecimiento emblemático en su propia historia, una pequeña organización política que pertenecía a Al Fatah, la fracción más influyente dentro de la Organización para la Liberación de Palestina (OLP), liderada por el rebelde caudillo Yasser Arafat, eligió el nombre de Septiembre Negro. El segundo de la OLP, Abu Iyad, era quien encabezaba Septiembre Negro, y el mismo que justificaba las acciones de tomas de rehenes como un medio para difundir la situación del pueblo palestino por todo Occidente: se trataba de un método propagandístico para romper el cerco informativo impuesto por el poder económico, político y militar de Israel en todo el mundo. La primera aparición pública de Septiembre Negro sucedió el 28 de noviembre de 1971, cuando un grupo comando asesinó en El Cairo al primer ministro jordano, Wasfi al-Tal, clave para la expulsión de los combatientes palestinos de Jordania en 1970-1971.

El germen de la acción de Munich tiene un origen concreto: la decisión del Comité Olímpico Internacional (COI) de no aceptar la participación de Palestina como Estado libre y soberano para la cita olímpica de Munich 1972. Al parecer, en un café de Roma, Mohammed Oudhe y Abu Daoud confesaron a otros compatriotas sus aspiraciones de efectuar un golpe de efecto durante la disputa olímpica:

"Participaremos en los Juegos a nuestra manera. Secuestraremos atletas para canjearlos por detenidos palestinos en Israel".

Con respecto al rol que le cupo a Yasser Arafat, no queda tan claro que haya estado en conocimiento de la operación, pese a las declaraciones posteriores de Daoud, quien aseguró que el líder de la OLP despidió a los comandos del aeropuerto diciendo "Que Alá los proteja". Pese a ellos, Arafat siempre negó estar vinculado a la acción de Septiembre Negro.

Todos los integrantes del grupo comando habían sido refugiados de campamentos palestinos en Líbano, Siria y Jordania. Uno de los tres palestinos sobrevivientes, Jamal Gashey, confesó durante la filmación del documental *Un día de septiembre*, del director Kevin McDonald, que había pasado su infancia en el tristemente célebre campamento de refugiados de Shatila, en Beirut. Ese lugar ganó protagonismo en los medios de todo el mundo en 1982, cuando el ejército israelí permitió una de las peores masacres contra refugiados palestinos en toda su historia. Gashey aseguró ante las cámaras:

"Crecí en un refugio, sin tierras ni derechos. Recién cuando me dieron un arma, me sentí un verdadero palestino, no solamente un miserable refugiado".

Apenas cincuenta y tres días después de la masacre de Munich, las autoridades alemanas encontraron el salvoconducto ideal para quitarse de encima el incómodo problema de los tres sobrevivientes integrantes de Septiembre Negro, que permanecían en sus cárceles pese a la presión diaria de Israel para obtener su extradición. Y la excusa para sacarse a los terroristas de encima, al subirlos en un avión rumbo a Libia, fue por demás sugestiva: otro grupo extremista secuestró un avión de Lufthansa, que contaba con apenas once pasajeros (ninguna mujer y ningún niño entre ellos), y exigió la liberación de los detenidos a cambio de entregar el avión. Esta vez Alemania no intentó rescate alguno y cedió de inmediato a los requerimientos recibidos. Siempre existió la sospecha de que Alemania hubiera montado el operativo de secuestro para evitar persistir con los problemas heredados de Munich.

Septiembre Negro, de todos modos, fue desmantelada como organización poco después de la masacre de Munich, debido a fuertes presiones de la OLP, que no miraba con buenos ojos las acciones terroristas mientras pugnaba por iniciar acuerdos de paz.

En un fragmento de *Un día de septiembre*, Gashey confiesa como conclusión:

"Estoy orgulloso de lo que hice en Munich, ya que ayudó enormemente a la causa palestina. Antes de Munich, el mundo no tenía idea acerca de nuestra lucha, pero ese día el nombre de Palestina se repitió en todo el mundo".

Sin embargo, no todos los palestinos coinciden en señalar el ataque de Munich como un hecho plausible en la historia de lucha de su pueblo. Es el caso del intelectual Edward Said, profesor de la Universidad Columbia, de Nueva York, quien escribió en mayo del año 2000 que en verdad se trató de "un desastre para la causa". Puntualiza Said:

"No imagino que pueda encontrarse un palestino que no piense que la aventura de Munich constituyó un desastre para la causa y el pueblo palestino, todavía sin Estado, bajo la ocupación israelí, o como refugiados veintiocho años después de las olimpiadas de Munich [...] La acción de Munich fue, pese a todo, una pérdida neta, moral, política y militar. No sólo ignoraban quienes la perpetraron con total insensatez lo que supondría una huida temeraria, sino que tampoco estaban preparados para lo que dejaba traslucir. Se produjo una inaceptable pérdida de vidas humanas, se malogró el propósito de que Israel liberase a doscientos presos políticos (que era el objetivo declarado de la acción) y, desde entonces, gracias tanto a este incidente como a otros que se le sumaron, la etiqueta de *terrorista* ha quedado tan implacablemente adherida a *palestino*, como para borrar la tragedia de la propia Palestina".

De discursos e hipocresías

Lo curioso entonces fue que los Juegos Olímpicos sólo vieron interrumpida su actividad el 5 de septiembre. Al principio de este capítulo citamos la frase del estadounidense Avery Brundage, presidente del COI desde 1952. La pronunció durante el discurso que clausuró la ceremonia en homenaje a los atletas caídos, realizada en el Estadio Olímpico ante una multitud de ochenta mil espectadores y tres mil deportistas de todo el mundo. Esas palabras hicieron célebre a Brundage en todo el mundo, y le costaron el puesto meses más tarde. Al otro día, como si nada hubiese pasado, se reanudó la competencia, aunque ya sin la presencia de la comitiva israelí, que abandonó Munich el 7 de septiembre, y también con la bandera olímpica a media asta como señal de respeto por los muertos. Eran los Juegos Olímpicos "de la Paz y de la Fraternidad", tal como los había denominado el COI. Ni siquiera una masacre alteraba el cronograma del evento; tampoco nada podía perjudicar el gigantesco negocio económico que éste generaba.

"Si alguien es asesinado en tu fiesta, no sigues con la fiesta. Me voy a casa", confesó el atleta holandés Jos Hermens ese día. Siguieron sus pasos, además de toda la delegación de Israel en Munich, todos los atletas filipinos, trece deportistas noruegos y seis holandeses.

Uno de los atletas que prefirió quedarse fue el regatista Jacques Rogge, quien asistía a su segunda cita olímpica. Entendió que irse era darle la razón al terrorismo en sus intenciones. Permaneció en los Juegos y compitió, aunque sin mucho suceso: quedó en el 13º puesto en su categoría.

Cuatro décadas más tarde, el mismo Rogge ocupó la presidencia del COI. Fue el receptor de todas las críticas de la comunidad internacional cuando, durante la inauguración de los Juegos de Londres 2012, desoyó los pedidos para realizar un minuto de silencio por las víctimas de Munich 1972, alegando que no era una actividad regulada por el "protocolo" olímpico.

"Que mi esposo volviera en un cajón tampoco formaba parte del protocolo olímpico", le respondió con ironía Ankie Spitzer, la viuda de uno de los atletas asesinados esa noche trágica en Munich.

Jacov Springer fue uno de los atletas que murió en el aeropuerto. Pocos días antes de la ceremonia inaugural de los Juegos, había llegado a Munich con un deseo inocultable: visitar el ex campo de concentración nazi de Dachau, el mismo lugar donde había muerto casi toda su familia en las cámaras de gas, durante los años de la Segunda Guerra. Apenas ingresó al lugar, entonces convertido en museo del Holocausto, afirmó:

"Aquí estoy yo de regreso. Ustedes no pudieron realmente destruirme".

Lo extraño es que, desde la tragedia en Alemania, pasaron diez aperturas de Juegos Olímpicos sin un minuto de recuerdo a los caídos, cuarenta años de inexplicable silencio. Barbara Berger, la hermana de otra de las víctimas fatales, señaló:

"Si hubiesen sido once estadounidenses, habríamos tenido ese minuto de silencio hace tiempo".

Para el periodista italiano Pierlugi Battista, del *Corriere Della Sera*:

"El único motivo que explica el silencio del COI es el miedo".

Esa apreciación se justifica con otras opiniones que ponen el acento en el extremo cuidado que el COI guarda de no molestar a las cincuenta naciones árabes que participan de la competencia. Cuando el titular del COI, Jaques Rogge, tuvo la oportunidad de justificar la decisión de ignorar los reclamos de los familiares de la tragedia de Munich, no tuvo mejor idea que admitir: "Tengo las manos atadas". La respuesta de la viuda de Spitzer fue concluyente y cerró el breve intercambio de palabras:

"Sus manos no están atadas. Mi marido tenía sus manos atadas, y también los pies. Así lo asesinaron. Eso es tener las manos atadas".

La Cólera de Dios

Golda Meier tardó algunos segundos en asimilar la novedad que le comunicaba su agente desde Munich. Costaba asumir en ese momento, cuando eran las 3 de la mañana en Alemania, que todos habían muerto. Que no había quedado ni un rehén. Que toda la operación de rescate había terminado en rotundo fracaso, pese a las promesas y a la confianza con que le habían hablado las autoridades alemanas a la primera ministra de Israel, ape-

nas horas antes del trágico desenlace o desde el comienzo mismo
de la crisis, veintitrés horas antes de esa comunicación telefónica.
Pero era exactamente así. Del otro lado de la línea telefónica,
el agente israelí explicaba:

"Lo vi con mis propios ojos. Ninguno quedó vivo".

La idea de vengar la muerte de los atletas comenzó entonces
a dar vueltas en la cabeza de los principales funcionarios de Israel. No alcanzaba con la orden de bombardear todos los campamentos palestinos esta vez, maniobra rechazada por el Consejo de Seguridad de Naciones Unidas. La intención no era, en
todo caso, aniquilar exclusivamente al comando que había pro-
tagonizado los hechos, o a sus cómplices, sino lanzar una operación que permitiera mostrar a toda la sociedad israelí que su
Gobierno no era un mero espectador de las acciones del terrorismo internacional. De paso, habría una excusa para quitarse
de encima algunos viejos enemigos del proyecto de expansión
israelí en Europa.

El Comité de Defensa, por órdenes de Golda Meier, derivó
la operación al Instituto Central de Operaciones y Estrategias
Especiales, famoso por la sigla Mossad. Este organismo sería
el responsable de preparar a un grupo de miembros de unida-
des de élite para lanzar, dos semanas después del fatídico 5 de
septiembre, el despliegue vengativo, sin respetar las fronteras ni
reparar en las limitaciones diplomáticas de Israel como nación.
Por tal motivo, Israel advirtió que desconocería a cualquiera de
los integrantes del grupo Kidón ("bayoneta", en hebrero) en caso
de ser capturados.

La misión recibiría el nombre clave de Cólera de Dios, y se
desarrollaría entre los años 1972 y 1979. Golda Meier señaló:

"Acuérdense de este día. Lo que vamos a hacer puede cambiar
el curso de la historia judía".

La escuchaban Zvi Zamir, jefe del Mossad, y el capitán de reserva de los comandos, Avner, elegido para liderar el comando del operativo. La primera ministra insistió:

"Debemos ser precisos. Nuestros enemigos deben pensar que están indefensos y que los podemos alcanzar cuando queramos".

El primero de la larga lista negra en morir fue el diplomático palestino Wael Zwaiter, ejecutado en las afueras de Roma, cuarenta días después de la masacre de Munich.

Según la información brindada por el Mossad, Zwaiter era el titular de Septiembre Negro en Italia y había sido uno de los instigadores del atentado durante los Juegos Olímpicos. Zwaiter recibió catorce balazos del grupo comando a su llegada al departamento que alquilaba en Trieste.

Sin embargo, para el periodista Aaron Klein, columnista de la revista *Time* y autor del libro *Devolviendo el golpe. La masacre de Munich y la letal respuesta de Israel*, la ejecución del diplomático palestino "no fue corroborada y no fue entrecruzada apropiadamente. Mirando atrás, su asesinato fue un error".

La hipótesis de Klein en su investigación parte de la premisa de que los verdaderos cerebros de la operación en Munich se escondieron en los países del Este europeo, en zonas inaccesibles para los agentes israelíes que, por esa razón, debieron conformarse con asesinar a objetivos de media o baja relevancia en la estructura política palestina, de ubicación sencilla en Europa occidental y que no gozaban de protección alguna, precisamente por su escasa influencia.

A la hora de justificar el método de búsqueda y de objetivos, Klein cita a un agente del Mossad:

"Nuestra sangre estaba hirviendo. Cuando había información implicando a alguien, nosotros lo inspeccionábamos con lente magnificador".

En el mismo sentido, el ex número dos del Mossad, David Kimche, aseguró que el móvil de la operación no era la venganza:

"El objetivo era atemorizar a los terroristas palestinos. Queríamos hacerles mirar por encima del hombro y que sintiesen que estábamos siempre sobre ellos".

El 8 de diciembre de ese mismo 1972, los comandos del Mossad ubicaron en París a Mahmud Hamshari. Lo hicieron volar en pedazos con un artefacto explosivo oculto bajo una pequeña mesa en su habitación.

El 24 de enero de 1973 continuó la cacería judía. Fue el turno de Abal Al Chir, profesor universitario que, según el Mossad, era el cerebro detrás de varios atentados contra intereses israelíes. El método fue similar: en un hotel de Nicosia, seis cargas explosivas ubicadas bajo el colchón estallaron segundos después de accionar un control remoto.

El 6 de abril caía la cuarta víctima en la capital francesa. Baleado por un par de miembros del grupo, moría asesinado Basil Al Kubeisi, supuesto responsable de armamento del Frente Popular de Liberación de Palestina (FPLP).

El quinto, sexto y séptimo en la lista sangrienta eran Kamal Nasser, Kamal Udwan y Abu Yussuf, también integrantes del FPLP, quienes estaban reunidos en un tercer piso de un edificio en Beirut. Esta vez, los comandos de élite del Sayeret Matkal llegaron por mar. Los objetivos fueron aniquilados en operaciones simultáneas, y los integrantes del grupo comando ocultaron su huida haciendo estallar el edificio.

El 28 de junio fue asesinado con un explosivo instalado en su auto el ex jefe del Frente de Liberación argelino y responsable del FPLP en Europa, Muhamad Budía.

Ya a esa altura, la operación del Mossad fue identificada por la prensa europea, y los cazadores pasaron a ser presas. Dos de los integrantes del grupo comando murieron en sendos tiroteos en Ámsterdam y Bruselas; un tercero de ellos fue dinamitado en una oficina en Bélgica.

La siguiente operación terminó por desnudar el plan israelí. En Noruega, un integrante del grupo comando disparó trece balas sobre quien suponía era Ali Hassan Salameh, hombre clave del aparato de Inteligencia de Al Fatah, la llamada Fuerza 17.

Pero no. Se trató de una confusión fatal. La víctima no sólo no era quien buscaba el asesino israelí, sino que en realidad era un ciudadano marroquí de nombre Ahmed Bouchiki, completamente ajeno a los sucesos de Munich, que trabajaba de camarero en el lugar y sin ningún historial policial. Para peor, seis integrantes del grupo fueron capturados por la policía noruega a partir del caso conocido desde entonces como "el asunto de Lillehammer", y todos fueron condenados por el crimen tiempo después. Sin embargo, algunos meses más tarde fueron liberados y expulsados hacia Israel.

Pese a la evidencia irrefutable de los hechos y al testimonio de sus propios agentes, durante veintitrés años el Gobierno de Israel negó toda responsabilidad en el asesinato del mozo marroquí, hasta que en febrero de 1996 aceptó indemnizar económicamente a la familia de Bouchiki.

La fuerte protesta internacional al conocerse en detalle la operación Cólera de Dios, un caso tipificado dentro del rótulo de Terrorismo de Estado, a partir de la información brindada por los prisioneros israelíes, terminó por obligar a Golda Meier a suspender las acciones del Mossad; acciones que cinco años más tarde fueron reanudadas durante el mandato del nuevo primer ministro Menachem Begin, extendiendo el operativo hasta mediados de la década del 90.

De todos modos, y a partir de la investigación de Klein, de los hombres verdaderamente conectados a la operación de Munich, Israel apenas pudo poner su mano vengadora sobre uno: Atef Bseiso, jefe de Relaciones Exteriores del Servicio de Seguridad Nacional Palestino, asesinado en París, en 1992. Por el contrario, Abu Iyad, el jefe de Septiembre Negro, murió asesinado por manos de otro palestino en 1991. Mohammed Oudhe, por su parte, murió en Damasco en 2010, a causa de una insuficiencia renal, y desde 1972 asumió su rol como instigador del ataque. Entonces sostuvo que no sentía ningún tipo de remordimiento por su decisión, y explicitó:

"Antes de Munich, simplemente eran terroristas. Nadie tenía la menor idea sobre Palestina. Después, la gente se empezó a preguntar por el fondo de la cuestión".

El caso de Abu Daoud, quien ideó el ataque en la Villa Olímpica, es todavía más curioso y habla a las claras de la doble moral del Mossad en su operatoria. Daoud escapó durante años de la cacería, pero pudo irónicamente ingresar a Israel en 1996 para trasladarse hasta la Franja de Gaza, donde debía participar de una reunión de la OLP convocada para quitar de su estatuto la erradicación de Israel como nación.

Y en cuanto a los tres sobrevivientes del comando de Septiembre Negro, Adnan al Gashey murió en el exilio de un ataque al corazón, a fines de la década del 70. Jamal al Gashey, en algún lugar del norte de África, prestó su testimonio en el año 2000 para la película documental *Un día de septiembre*. El tercer comando, Mohammed Safady, "está tan vivo como usted o como yo" en algún lugar del Viejo Continente, según explicó en el mismo documental un veterano dirigente de la OLP, Tawfiq Tirawi, aunque otras versiones estiman que habría muerto en la década del 70 a manos de falangistas en el Líbano.

Pese al consenso que obtuvo el operativo Cólera de Dios, en Israel también se alzaron algunas voces críticas sobre las decisiones del Gobierno. De ese modo, el periodista y escritor local Shabtai Teveth destacó:

"Hay mucha gente en Israel que cree que no existe un método más efectivo que el del ojo por ojo. Hay mucha gente en Israel que quiere ver actuar a la estrategia represiva en acción y demasiada gente piensa que ése es el único método que funciona contra el terrorismo árabe. Mientras que no consideran la idea de que son guerreros (y no terroristas) que luchan por su liberación [...] Mientras crean que hacen justicia al asesinar niños palestinos inocentes al bombardear un mercado en Haifa, que al asesinarlos hacen justicia tomando a cambio judíos muertos por árabes muertos, la solución al conflicto no se encontrará".

Los detalles del operativo Cólera de Dios fueron llevados al cine décadas más tarde, en 2005, por el famoso director estadounidense Steven Spielberg, a través de su controvertido filme *Munich*, criticado de igual modo por israelíes y palestinos. Los primeros, debido al intento de Spielberg de igualar la violencia terrorista con la violencia antiterrorista; y los segundos, por ignorar a lo largo de toda la película cualquier mención a la historia de despojo y atropello del pueblo palestino.

Capítulo 3
EL RIDÍCULO PAPEL DE CARTER
Operación Garra de Águila (Irán, 1979)

"El plan de asalto estaba incompleto. De hecho, las probabilidades de que tuviera éxito eran muy leves. El escenario básico lucía muy complicado. Y en ese momento las Fuerzas Armadas de Estados Unidos no tenían ni los recursos ni las capacidades para llevarlo a cabo."

Coronel Charles Beckwith, comandante de la Fuerza Delta

En Irán era el decimotercer día de Aban del año 1358, según el antiguo calendario zoroástrico que había sido recuperado medio siglo atrás por el primer sha (monarca iraní) de la línea Pahlavi, Reza Kahn. Por entonces, la agitación política y religiosa había alcanzado particularmente a las aulas universitarias de Teherán; y eran ellos, los jóvenes estudiantes, los que de modo cotidiano ocupaban sus calles para hacer escuchar sus reclamos y sus deseos de profundizar una revolución que continuaba sin rumbo claro.

En la calle se disputaban la hegemonía de la revuelta los grupos nacionalistas de izquierda, partidarios de un régimen político similar a los de Europa del Este, y los jóvenes islamistas, que insistían en la creación de una inédita República Islámica como una tercera opción por fuera de los modelos de capitalismo y de comunismo, basándose en principios "auténticos y divinos".

Lo que sí estaba claro era que los jóvenes eran la vanguardia: ellos eran los que habían aportado su cuota de mártires en la lucha callejera contra las violentas fuerzas de seguridad de Mohammad; ellos eran los que habían derrocado al tirano en las turbulentas jornadas de un año atrás y lo habían obligado a huir del país el 16 de enero de 1979. Ahora seguían lo que definían como "la voluntad de Alá". En cada manifestación, en cada asamblea, en cada reunión de estudiantes abrazados por la causa del Islam militante, la misma consigna amenazante se repetía en gritos, carteles y panfletos:

"¡Ya nos ocupamos del sha; ahora es el turno de Estados Unidos!".

Un profundo sentimiento antinorteamericano ardía entre las nuevas generaciones de iraníes. Y no paraba de crecer. Desde hacía varias semanas, algunos observadores se dedicaban exclusivamente a registrar cada movimiento advertido detrás de los muros que protegían la Embajada norteamericana en Teherán.

Como un símbolo intolerable de todo aquello que los jóvenes iraníes despreciaban, esa construcción gigantesca en pleno corazón de la ciudad era casi una provocación, un núcleo de maldad, decadencia y pecado, que corroía las entrañas de su patria desde hacía muchas décadas. Después de todo, habían sido los estadounidenses el principal sostén económico y político de la tiranía del sha, sus aliados durante los años difíciles de la Guerra Fría. Y ahora, era ese país, con su bandera de estrellas y franjas horizontales, el que gozaba de la explotación de los interminables yacimientos petrolíferos de la región y el que protegía al tirano en un exilio fastuoso, digno de un emperador.

El sha Pahlavi había sido para Washington un importante alfil en su enorme tablero de ajedrez contra el comunismo internacional durante décadas; un freno a la expansión de los soviéticos en los países árabes, un régimen suní conservador que garantizaba además la continuidad del millonario negocio petrolero y una base aliada desde la cual poder controlar la tensa región. Si para permanecer en el poder apelaba al terrorismo de Estado, perseguía opositores y empobrecía a la población, era el costo que el pueblo iraní debía pagar por mantener equilibrado el mapa geopolítico internacional.

Después de todo, hasta un primo lejano del presidente Franklin D. Roosevelt, de nombre Kermit, había conspirado como agente de la CIA durante el golpe de Estado que en 1953 tumbó al último presidente iraní elegido democráticamente por su pueblo, y lo había reemplazado por el sha Reza Pahlavi. Alguien debía pagar el precio de tantos años de impunidad, saqueo y complicidad. A los ojos de los jóvenes, Estados Unidos era el "Gran Satán"; no podía seguir ondeando su bandera en tierras iraníes alegremente, como si no estuviera en marcha la revolución islamista más profunda de toda la historia, como si no fueran esos audaces militantes quienes tomaran la iniciativa política en un clima de ebullición.

Todo podía suceder

Irán era un hervidero de conspiraciones secretas, intrigas palaciegas, incidentes callejeros y fanatismos religiosos que pugnaban por salir a la superficie. En 1979, como un volcán que busca cráteres cerrados, el país entero parecía a punto de estallar.

Según la definición posterior del periodista estadounidense Mark Bowden, en las horas previas al asalto a la Embajada americana:

"Irán estaba sumido en el tumulto, a media revolución, atrapado en una pugna entre el presente y el pasado".

Los análisis de la CIA previos al estallido, por el contrario, no dejaban entrever ninguna situación de crisis. Seis meses antes del derrocamiento de Pahlavi, la conclusión de los despistados informantes de la Central de Inteligencia se sintetizaban en que en Irán no existía "una situación revolucionaria, ni siquiera prerrevolucionaria".

La tendencia a subestimar el clima de agitación y tumulto que hervía por las calles de Teherán se expandió incluso meses después, hasta horas antes de la toma de la Embajada. Para la CIA, la influencia que la Agencia tenía sobre los principales cuadros del nuevo Gobierno Provisional garantizaba, en todo caso, socavar las bases de la revolución o, al menos y por el momento, mantener contenido al sector más radical, instigando, por ejemplo, varios conflictos étnicos en las zonas fronterizas.

Después de todo, el objetivo de Estados Unidos era devolver a su puesto al odiado sha a cualquier precio, como única garantía para mantener sus negocios en Irán. Para la CIA, el Gobierno Provisional era un títere y ellos, quienes podían accionarlo desde las sombras.

De hecho, el jefe de la CIA en Teherán, John Graves, había enviado un telegrama a Washington la semana previa anunciando que la tensión se había disipado en el país y que era necesario retomar el plan original, que contemplaba un aumento de personal en Irán. Hasta el día de hoy persisten las dudas acerca de la escasez de reflejos de los analistas estadounidenses en Teherán, y pocos son los que se conforman con la hipótesis de que todo se trató de un simple error de caracterización política.

En ese sentido, el investigador iraní Fara Mansoor señaló en una entrevista publicada en 2012 la punta del ovillo de una sospecha nunca confirmada:

"La crisis de los rehenes no fue un acto espontáneo de las multitudes iraníes o un acto sin sentido ideado exclusivamente por el régimen de Jomeini. Más bien, se trataba de un caso políticamente fabricado por la CIA de George Bush".

¿Tenía la CIA como objetivo sabotear al gobierno del demócrata James Carter y garantizar la llegada a la Casa Blanca de la dupla republicana Ronald Reagan-George Bush (padre)?

¿Fue el ayatolá Jomeini el "mal menor" elegido por la CIA para Irán, ante la posibilidad concreta de que ese país se convirtiera en una nueva plataforma de desembarco del comunismo en las regiones de Oriente Medio?

No hay respuestas para estos interrogantes, como tampoco para las dudas que generó la actitud impasible de la CIA ante el agravamiento del conflicto, que terminó con la irrupción de una muchedumbre ante el edificio diplomático y la ofensiva de cientos de jóvenes seguidores del "líder espiritual" de la revuelta: el ayatolá.

Cuando los pocos agentes de la CIA encargados de la seguridad del edificio se percataron de que un centenar de jóvenes escalaba los muros de la Embajada, ya era demasiado tarde.

Contra el "Gran Satán"

Como era lógico por la dinámica de los acontecimientos, fue en una asamblea estudiantil en Teherán donde se informó sobre el plan de tomar la Embajada de Estados Unidos. Cientos de estudiantes de las principales universidades de la ciudad escucharon en silencio la planificación general, a cargo de una docena de jóvenes que se distinguían entre sí utilizando el nombre de Estudiantes Musulmanes Seguidores de la Línea de Imam, como para dejar en claro su lealtad hacia el ayatolá Ruholla Jomeini, un sacerdote fundamentalista y de profunda convicción antiimperialista, transformado en el líder espiritual de la revolución después de un largo exilio en Irak.

El sencillo plan operativo establecía que los cuatrocientas jóvenes que formarían parte del grupo de asalto se dividirían en cinco grupos, cada uno de ellos con la responsabilidad de avanzar sobre uno de los sectores de la fortaleza estadounidense. Por fuera de los muros, era vital el respaldo de la muchedumbre en las calles, ante la virtual necesidad de reemplazar a los caídos o para garantizar, en todo caso, alimentos a los ocupantes y a los rehenes, si tenían éxito en su misión.

El objetivo era tomar el edificio de un modo completamente pacífico durante tres días, para desde allí difundir a todo el mundo sus proclamas revolucionarias y sus denuncias contra Estados Unidos por su papel de aliado del sha desde 1953. Pero pocas horas más tarde, las previsiones de los organizadores serían superadas por la realidad.

Los estudiantes contaban con la certeza de que la policía local no intervendría, pero la duda se situaba en cuál sería la respuesta de los encargados de seguridad de la Embajada. ¿Serían capaces de disparar contra la multitud, desarmada en su mayoría? ¿Un disparo del fusil de un estadounidense estimularía la indignación y expandiría la rabia de todos los islamistas congregados alrededor del edificio? ¿Cuál sería la reacción del débil Gobierno Provisional, donde se aunaban los radicalizados aliados de Jomeini con los tibios funcionarios que habían quedado de la gestión del sha y que seguían escrupulosamente el guión dictado desde la CIA? ¿Cuál podría ser el epílogo de semejante aventura?

Si bien los jóvenes reverenciaban la figura del veterano *imam* (o *imán*, el que dirige los rezos comunitarios) Jomeini y respetaban al poderoso clero islamista al que pertenecía, ninguno podía imaginarse la reacción de su líder ante su accionar, tan inconsulto y secreto como velozmente planificado.

En los días previos, la actitud de Jomeini con el Gobierno Provisional había sido tan vacilante que despertó desconfianza entre sus mismos seguidores: pero si Jomeini dudaba, ellos duplicarían la apuesta y se encargarían de ir a fondo, de modo de evitar cualquier retroceso mediante una acción de audacia extrema.

Las dudas sobre la actitud de Jomeini se vieron felizmente disipadas horas después del inicio de la toma, cuando el ayatolá habló ante los medios de prensa de su país para instar a todos los estudiantes "a incrementar los ataques contra Estados Unidos".

Si bien la acción lo sorprendió, estaba claro que el líder musulmán aprovechaba la crisis para fortalecer su posición radical y para debilitar a los grupos moderados que lo secundaban.

Esa tarde del 4 de noviembre de 1979, cuando llegó la hora prevista, los estudiantes responsables del asalto se identificaron con un brazalete, que llevaba una foto del ayatolá, y una consigna estampada en sus brazos: "Dios es grande".

Algunas mujeres ocultaban tenazas bajo sus ropas, para romper las cadenas y los candados de las puertas. De la muchedumbre que avanzaba por las calles linderas se desprendieron los grupos de estudiantes dispuestos a escalar los muros de la Embajada. En cuestión de segundos, cuatrocientos jóvenes treparon hasta ingresar a la fortaleza enemiga, sin más armas que cuchillos y una decisión inquebrantable.

Apenas seis estadounidenses lograron huir en mitad del tumulto y la confusión, para encontrar refugio en una casa vecina y posteriormente buscar protección en la Embajada canadiense, donde los proveyeron de pasaportes falsos para abandonar Irán. Pero otros sesenta y seis diplomáticos y ciudadanos estadounidenses no tuvieron tanta fortuna: fueron tomados como rehenes durante los cuatrocientos cuarenta y cuatro interminables días en que se dilataría la crisis en Teherán.

Recién el 20 de noviembre, los estudiantes aceptaron la liberación de trece de ellos, más precisamente las mujeres y los afroamericanos, pero mantuvieron a cincuenta y tres estadounidenses en cautiverio.

Allí comenzó una eficaz guerra de baja intensidad a través de los medios de comunicación: las imágenes televisivas, reproducidas en Estados Unidos, mostraban a los rehenes maniatados y con los ojos vendados. Los cautivos eran elegidos para leer las consignas y los reclamos de los secuestradores iraníes: la extradición inmediata del sha Pahlevi para ser juzgado "por sus crímenes contra el pueblo iraní", y la exigencia de una revisión total de la política exterior de Estados Unidos en la región, como artífice del golpe de Estado de 1953 y cómplice durante décadas del "saqueo y autoritarismo". Por último, le exigían al "Gran Satán" que prometiera no interferir nunca más en los asuntos internos iraníes.

La humillación era demasiada por una potencia mundial.

Un grupo de estudiantes había dejado en ridículo a la nación con mayor poderío bélico del planeta, y pagarían su afrenta con un escarmiento ejemplar.

Al menos, ésa era la intención.

Los reflejos de Carter

Había sido el magnate David Rockefeller quien había presionado al presidente James Carter para que aceptara recibir al sha de Irán en Estados Unidos como asilado político, y el secretario Henry Kissinger apoyó de un modo entusiasta la sugerencia del millonario. De modo que el 22 de octubre de 1979, el ex monarca absoluto Mohammad Reza Pahlavi, recientemente destituido en Irán y acusado de imponer un Estado policial amparado por los intereses estadounidenses en ese país, fue recibido con honores en Nueva York para ser sometido a un tratamiento contra el cáncer, en una decisión que encendió la ira de los musulmanes del otro lado del mundo.

Carter no podía imaginarse entonces que la autorización para un monarca enfermo y caído en desgracia terminaría desatando una crisis de tal magnitud, que aniquilaría sus aspiraciones a ser reelecto en la presidencia un año más tarde. De momento, y apenas informado de la toma de rehenes en Teherán, la reacción de su Gobierno fue mostrarse severo y aplicar duras sanciones económicas y diplomáticas contra Irán: rompió relaciones e impuso un embargo comercial; interrumpió la importación de petróleo y expulsó del país a varios ciudadanos iraníes, casi todos sin ninguna relación con los grupos radicalizados que protagonizaban la revuelta en Teherán.

En materia económica, el embargo de Carter provocó un alza inédita en los precios del barril del petróleo; un fenómeno que terminó por afectar a todos los países importadores de esa materia prima y que aceleró la crisis económica global que llegaría algunos años después. Además, el 14 de noviembre se anunció el congelamiento de más de ocho mil millones de dólares en activos iraníes en Estados Unidos, y se anunció que esos fondos serían utilizados para pagar una indemnización a todos los rehenes después de su liberación.

Al mismo tiempo, el presidente Carter se preocupó por disipar públicamente cualquier chance de un rescate militar, al señalar que un operativo de ese tipo y a tanta distancia "seguramente fracasaría y los rehenes morirían".

Sin embargo y en la intimidad de la Casa Blanca, Carter barajó enseguida las chances de una salida militar: primero la propuesta fue bombardear instalaciones petroleras en Irán, bloquear militarmente el país por tierra y por mar y avanzar con ataques por aire. Pero el plan fue rechazado porque el contexto geopolítico se había complejizado recientemente tras la invasión soviética en Afganistán, ya que uno de los argumentos del Kremlin había sido que, con ese avance militar, se intentaba evitar una intervención estadounidense en Irán.

En una encuesta difundida semanas después del inicio de la crisis, 51% de los ciudadanos estadounidenses consultados estimaba que la reacción de Carter no había sido "suficientemente enérgica"; 65% aseguraba que las sanciones económicas no eran suficientes para acelerar un desenlace positivo en el conflicto.

Cada día que pasaba, era un fracaso para Carter y una oportunidad para sus adversarios. En particular para uno, su potencial rival en las elecciones del año siguiente, el republicano y ex actor de Hollywood Ronald Reagan, quien después de un tiempo y en plena campaña proselitista afirmó:

"Los rehenes no debieron estar cautivos seis días, mucho menos seis meses. Carter estuvo equivocado desde el principio".

La Navidad de 1979 había llegado con los rehenes todavía en Teherán, y el desgaste por la ausencia de una medida drástica amenazaba con limar toda la popularidad del presidente demócrata. Era el momento de tomar una decisión contundente.

Finalmente, el 11 de abril de 1980, Carter aprobó en secreto una ambiciosa y complicada misión de rescate que fue bautizada con el nombre de Garra de Águila, y que involucraba a las cuatro ramas de las Fuerzas Armadas de ese país: el Ejército, la Marina, la fuerza aérea y la infantería a partir del trabajo coordinado por una selecta Fuerza Delta, una unidad preparada para acciones especiales que, si bien congregaba a la élite militar de Estados Unidos, no había recibido aún su bautismo de fuego y carecía de adiestramiento concreto.

Una garra que se rompe

La operación Garra de Águila, evidentemente inspirada en la exitosa Operación Entebbe que habían ejecutado los israelíes en Uganda en 1976, estaba dividida en dos fases. Mientras un grupo se ocuparía del rescate de los rehenes en la Embajada, otro tendría como misión generar acciones laterales de distracción para garantizar la huida del territorio hostil.

El diseño operativo integral estimaba que seis aviones de transporte C-130 Hércules despegarían desde una base egipcia y aterrizarían en un punto seguro en el desierto iraní (al que llamaron Desierto Uno), a cuatrocientos kilómetros de Teherán. Allí llegarían también, desde un portaviones ubicado en el Golfo Pérsico, unos ocho helicópteros RH-53D, que trasladarían a los noventa soldados seleccionados para el operativo de asalto. Una parte de esos comandos avanzaría hacia la Embajada por tierra, a bordo de camiones camuflados con emblemas del ejército iraní, con la misión de derribar los portones de entrada y aniquilar la guardia para permitir el ingreso de todo el contingente. El resto lo haría por aire, a bordo de tres helicópteros, mientras otros tres protegerían su aterrizaje en los patios traseros, para garantizar el traslado a salvo de todos los rehenes hasta el punto Desierto Uno.

Ya en el edificio diplomático, un grupo se dividiría en busca de tres rehenes separados por los iraníes y retenidos en la vecina sede del Ministerio de Interior. Una vez reunidos todos en Desierto Uno, rehenes y comandos abordarían los aviones C-130 Hércules de regreso al portaaviones en el Golfo Pérsico.

La operación exigía tal grado de coordinación, logística y diplomacia (requería la colaboración de los gobiernos aliados de Egipto, Omán, Bahrein, Turquía e Israel para su realización), que los constantes ajustes de itinerarios y diseño comenzaron a modificarla de un modo sustancial. En primer lugar, no se contempló que los helicópteros no contaban con el alcance suficiente para recorrer la extensión estimada desde el portaaviones, por lo que se rediseñó la maniobra para que fueran abastecidos con combustible en postas preparadas previamente a mitad de camino. En realidad, esas postas eran tanques de goma arrojados al desierto desde el aire, que nunca resultaron efectivos y que retrasaron todo el plan.

Finalmente, la tarde del jueves 24 de abril comenzó el operativo. Y comenzaron los problemas.

Apenas los helicópteros RH-53D entraron en el espacio aéreo iraní, dos de ellos presentaron averías mecánicas y quedaron inutilizados. Mientras uno alcanzaba a regresar al portaaviones, el otro debió ensayar un forzoso aterrizaje en territorio hostil. Todos los tripulantes de la máquina averiada abordaron un tercer helicóptero para alcanzar la cita en Desierto Uno en el plazo previsto, pero la demora no pudo evitarse.

Durante el reabastecimiento, surgió una nueva complicación hidráulica en otro aparato debido a una tormenta de arena que lo dejó fuera de acción. Los pilotos de la infantería de Marina habían confirmado de la peor manera posible sus limitaciones a la hora de controlar los helicópteros en situaciones meteorológicas para las que nunca se habían adiestrado previamente. Como el mínimo indispensable estimado para desarrollar con éxito la misión era de seis helicópteros y ahora sólo quedaban cinco, el responsable del operativo en Desierto Uno se comunicó con Washington a la espera de órdenes; veinte minutos después escuchó la orden de cancelar y salir de Irán de inmediato.

La operación había terminado sin haber podido superar siquiera su primera fase. Pero aquello podía ponerse mucho peor.

Después de todo, una operación sin bajas que lamentar y sin ser detectada no impedía volver a intentar algo más adelante, mejorando algunas cuestiones técnicas. Pero todo se derrumbó en apenas un minuto. Mientras se esperaban las instrucciones, se presentó en Desierto Uno, y por causalidad, un micro con cuarenta civiles iraníes, que debió ser retenido en la carretera mientras se aceleraba la retirada. Poco más tarde, se avistó un camión con supuestos contrabandistas que, para evitar una filtración, fue destruido por la artillería de uno de los helicópteros.

Para intentar mantener la fracasada operación en secreto, los soldados se prepararon para escapar de inmediato a bordo de uno de los aviones C-130 Hércules, pero con tanta mala suerte que mientras se terminaba la carga de combustible, una pala del rotor de un helicóptero que realizó una mala maniobra rozó el fuselaje de la nave y, en segundos, ambos estallaron por los aires. Otros dos helicópteros resultaron dañados por la explosión; eso sin contar que cinco tripulantes del C-130 y tres infantes del helicóptero murieron a causa del choque, mientras otros cuatro soldados quedaron heridos de gravedad.

Sin tiempo siquiera para retirar los cadáveres de sus compatriotas, los soldados escaparon apretujados en otro avión antes de que se toparan con las tropas iraníes, a esta altura alertadas de la presencia de una misión estadounidense.

Los cadáveres de los soldados abandonados en Desierto Uno fueron utilizados más tarde por los radicales islamistas como botín de guerra durante una manifestación callejera que se difundió en algunos noticieros estadounidenses, generando un rechazo aún mayor al provocado por el desastre del operativo. Pero con ser mucho, no era esto todo.

En el avión siniestrado se había abandonado también información precisa y clasificada; como por ejemplo, los nombres de todos los iraníes que colaboraban con la operación de Estados Unidos desde Teherán. Esa información quedó en manos del gobierno de Jomeini.

Fue tal la desprolijidad de esa retirada que la imagen de Carter quedó asociada desde entonces con la ineptitud. Ante las cámaras de televisión y ante millones de espectadores que no salían de su asombro frente a semejante bochorno en términos militares, intentó justificarse:

"Ha sido mía la decisión de intentar la misión de rescate, y mía fue también la decisión de cancelarla cuando surgieron problemas".

La pesadilla ha terminado

Quizá apenas secundada por la desprolija retirada de Saigón en 1975, después de la victoria vietnamita, o por el rápido desastre de las fuerzas invasoras en las playas cubanas de Bahía de Cochinos, en 1961, el episodio de la toma de rehenes en Teherán se ganó su lugar en el indeseable podio de las humillaciones más profundas de la historia reciente de Estados Unidos.

Como era previsible, James Carter perdió ampliamente las elecciones de noviembre de 1980 contra Ronald Reagan. El nuevo presidente de Estados Unidos prestó juramento el 20 de enero de 1981, justo el mismo día en que Irán aceptó liberar a todos los rehenes ante la promesa de Reagan de cumplir cada uno de sus reclamos.

Para Carter, la derrota electoral también fue, de algún modo, la oportunidad de quitarse de encima una pesada y humillante carga, según confesó luego:

"Mis sentimientos eran de arrepentimiento por haber perdido la elección, pero con un sentido de liberación de mis responsabilidades por un momento".

El papelón de la operación Garra de Águila y la oportuna muerte del sha Pahlevi el 28 de julio de 1980 en Nueva York permitieron descomprimir un poco la relación con los fundamentalistas islámicos y avanzar hacia una salida negociada.

Eliminada la demanda más complicada para Estados Unidos (tener que entregar a un aliado en manos de sus enemigos), el Gobierno se tragó su orgullo a fines de 1980 y se comprometió a devolver los fondos del sha, a pagarle a Irán veinticuatro mil millones de dólares en concepto de indemnización, además de aceptar cancelar las demandas contra el país por el secuestro de los diplomáticos y prometer no intervenir más en los asuntos internos del país.

De ese modo, de frente a una victoria inédita festejada por multitudes de jóvenes musulmanes en las calles de Teherán, el Ayatolá Jomeini anunció que todos los rehenes serían liberados y enviados a una base aérea de Fráncfort, en Alemania Federal. Después de todo, una acción que nunca había planificado había terminado por consolidarlo en el poder absoluto de su país.

Comenzaba otra historia para los iraníes, la de un pueblo que podía gritar con orgullo que había logrado torcerle el brazo al país más poderoso del planeta por el arrojo de cincuenta estudiantes y la impensable ineptitud e ineficacia del grupo militar más selecto de Estados Unidos (y supuestamente, del mundo), protagonista de un papelón con mucho más color a conspiración de entrecasa que a falla técnica en el desierto.

Para Washington se iniciaba también un largo periodo de tropiezos y malas decisiones en su relación con los países árabes, debido, entre otras cosas, al profundo sentimiento antiestadounidense que se expandió en esa región del mundo y que aún persiste.

Capítulo 4
Fujimori no quiere testigos
Operación Chavín de Huantar (Perú, 1996)

"El presidente Fujimori ordenó que no se tomaran prisioneros."
Informe de la Agencia de Inteligencia de Defensa (DIA) de Estados
Unidos, 10 de junio de 1997

La noche del 17 de diciembre de 1996, la historia de Perú cambiaría para siempre. No precisamente por la fastuosa fiesta que se estaba desarrollando en la residencia oficial del embajador japonés en Perú, Morihisha Aoki. La excusa para ésta era la celebración del 63° aniversario del natalicio del emperador nipón Akihito, y para la velada se habían congregado unos ochocientos invitados, muchos de ellos hombres y mujeres de estrechos vínculos con el poder político y económico de Lima y de Tokio. Era la élite de un país que saludaba con simpatía la reelección del presidente Alberto Fujimori con 64% de los votos apenas un año atrás. Allí brindaban y conversaban, entre sonrisas y buenos modales, cientos de diplomáticos, empresarios influyentes, funcionarios del Gobierno y militares de alto rango.

Pero temprano, a las 8:20 de la noche, se acabó la fiesta.

Una tremenda explosión hizo vibrar la mansión y abrió un humeante boquete en el muro del jardín trasero. De ese modo, la inexpugnable fortaleza, protegida por muros de más de 3.5 metros de altura, rejas en todas las ventanas, vidrios a prueba de balas y portones blindados, fue el escenario por el cual ingresaron, aprovechando la confusión y el aturdimiento de todos los invitados, catorce guerrilleros del Movimiento Revolucionario Túpac Amaru (MRTA) –doce hombres y dos mujeres–, disparando en todas direcciones y ordenando a todos que se tiraran al piso.

Pese a que la seguridad del complejo estaba bajo el control de al menos trecientos efectivos, entre policías y guardaespaldas fuertemente armados, nada pudieron hacer para contener al grupo guerrillero que sacó provecho del efecto sorpresa para tomar la iniciativa.

El líder del grupo guerrillero, Néstor Cerpa Cartolini, buscó entre los invitados al embajador Aoki y lo trasladó por la fuerza hasta la puerta de la residencia con un megáfono y órdenes precisas: debía exigirle a la policía que no disparara contra el edificio si no querían provocar una masacre.

De inmediato, se difundió por la prensa la primera de las exigencias de los guerrilleros que integraban el comando "Edgard Sánchez": la liberación de cuatrocientos sesenta y cinco miembros del MRTA, prisioneros en las cárceles de Fujimori, entre los que estaban la propia esposa de Cerpa, Nancy Gilvonio, y la recientemente condenada ciudadana estadounidense Lori Berenson.

El listado de reclamos también incluía una profunda crítica al programa de asistencia extranjera para Perú impulsado desde Japón, una condena por las "crueles e inhumanas" condiciones de reclusión de los presos en las cárceles y una revisión en las políticas gubernamentales de libre mercado, defendidas por la gestión Fujimori como básicas de su Gobierno.

Mientras tanto, todas las mujeres fueron liberadas la primera noche, incluida la madre del Presidente, y también los ancianos, y aquellas personas que no tuvieran un vínculo directo con el Gobierno peruano. En pocas horas, casi la mitad de los rehenes quedaron en libertad.

Era el comienzo de la crisis de rehenes más importante de la historia peruana.

El gato y el ratón

Para Fujimori, la acción del MRTA era la peor de todas sus pesadillas; no sólo porque en el interior de la residencia se encontraban su madre y su hermano menor, Santiago, sino principalmente porque la decisión de los guerrilleros había dejado en ridículo a sus fuerzas de seguridad y a sus hombres de la Inteligencia.

La afrenta era aún mayor si se contemplaba que, entre los rehenes, se encontraban algunos de los hombres más importantes de la policía y de las Fuerzas Armadas, como el almirante de la Marina Luis Giampietri, y también oficiales de alto rango, como el jefe de la Dirección Nacional contra el Terrorismo (DINCO-TE) Máximo Rivera, y el anterior titular de esa misma fuerza, Carlos Domínguez.

Por una vez, los cazadores habían caído en la trampa de su presa; aquellos que se jactaban de haber liquidado para siempre el terrorismo y la lucha armada en Perú, muchos de quienes habían anunciado por todos los medios la aniquilación de las organizaciones de la izquierda guerrillera, se veían ahora prisioneros de aquellos que habían dado por exterminados años atrás.

Pero eso no era todo: entre los invitados también había dirigentes políticos de peso, como Francisco Tudela, entonces ministro de Relaciones Exteriores, y Alejandro Toledo, ex candidato y futuro presidente de la República en el periodo 2001-2006, quien a poco de recuperar su libertad, como parte del gesto de buena voluntad de los guerrilleros, aseguró que cualquier intento de recuperar la residencia por la fuerza sería una acción "insensata". Toledo dijo que los secuestradores estaban "armados hasta los dientes", y que habían colocado muchos explosivos en las zonas estratégicas del edificio.

El congresista Javier Díaz Canseco, por su parte, al ser liberado a poco de iniciada la toma, expresó ante los micrófonos de la prensa su voluntad de procurar una salida pacífica, y emitió una opinión sobre los secuestradores:

"Tienen entre dieciocho y veinte años de edad, vientiuno quizá… Son un grupo de fuerzas especiales, comandos. Creo que son jóvenes que quieren vivir. No quieren morir".

Los diarios, al otro día, expresaron su preocupación por el regreso a un tipo de conflictividad que, pensaban, se había superado. Según un editorialista del diario peruano más importante, *El Comercio*, el día después de la toma de la residencia:

"Es un revés de al menos cuatro años. Hemos regresado a ser un país sujeto al terror".

Recién cinco días después de la toma, el presidente Fujimori hizo su primera declaración pública sobre la crisis. Frente a las cámaras, señaló que estaba dispuesto a buscar una salida negociada, pero que no excluía la alternativa militar, a la vez que consideró como "repugnante" el accionar del MRTA y anunció que no cedería a sus exigencias.

Después de escuchar a Fujimori por televisión, la reacción de Cerpa Cartolini fue dirigirse a uno de los rehenes y anticiparle los acontecimientos que sobrevendrían:

"A ustedes nosotros no los vamos a matar. Ustedes van a morir porque realmente el Gobierno va a entrar acá con su fusil y va a arrasar, y lamentablemente tendremos que morir todos".

Pese al vaticinio del guerrillero, Fujimori, que parecía dispuesto a cumplir con su palabra de priorizar una salida pacífica, tomó cartas en el asunto y se encargó de organizar el equipo de mediadores y garantes para asumir el arduo trabajo de la negociación con los guerrilleros. Esa primera delegación estaba integrada por el embajador canadiense Anthony Vincent (quien había permanecido como rehén durante los primeros días), el arzobispo Juan Luis Cipriani y un delegado de la Cruz Roja Internacional, que ya había sido aceptado por el MRTA para establecer el diálogo con el Gobierno.

Pero eso no fue todo: el propio presidente se encargó de viajar a Cuba para entrevistarse con Fidel Castro, dejando crecer los trascendidos que comenzaban a vincular ese viaje a La Habana con la clara intención de garantizar un exilio seguro para el grupo guerrillero si deponía las armas y entregaba con vida a los rehenes. Del mismo modo, Fujimori aprovechó sus visitas a Canadá y Gran Bretaña para analizar posibles destinos de asilo al grupo terrorista, dejando ver públicamente que la salida negociada figuraba como prioridad en la agenda de su gestión.

Si bien algunos especialistas subrayaban que con estas actitudes Fujimori se contradecía con sus declaraciones previas (cuando había definido claramente que se trataba de "terroristas" y no de "guerrilleros"; es decir, que los primeros no podían someterse a las normas internacionales del asilo político), la mayoría de los peruanos percibía con optimismo el avance de un pacto que excluyera la opción violenta, que podría generar una previsible sangría en la residencia del embajador.

Desde marzo de 1997, evidentemente alentados por el Gobierno, crecieron los rumores de un acuerdo inminente. Al parecer, los emerretistas aceptarían reducir sus exigencias hasta conformarse con la salida de prisión de los presos que no habían cometido crímenes, y con el asilo rumbo a Cuba. Todo parecía irse encaminando.

Sin embargo, las negociaciones nunca avanzaron más allá de la buena voluntad de los ocasionales interlocutores. En cada oportunidad en que el acuerdo parecía cercano, surgía algún aspecto controversial que volvía a frustrarlo y a enviar todo el proceso a un nuevo punto de partida.

De sindicalista a guerrillero

El MRTA, como organización de acción política, había surgido en 1984, pero para 1996 todos los analistas estimaban que estaba al borde de la desaparición en el plano militar y sin capacidad logística ni operativa como para protagonizar una acción de las dimensiones de una toma de ochocientos rehenes. Liderada desde su origen y hasta su captura en 1992 por Víctor Polay Campos, con su caída el mando había pasado al entonces líder de las llamadas Fuerzas Especiales del MRTA, el ex dirigente sindical Néstor Cerpa Cartolini.

Cerpa había ganado influencia por su rol como secretario general sindical durante la huelga en la fábrica textil Cromotex, en febrero de 1979. La huelga fue aplastada por la represión policial, y terminó con seis obreros asesinados durante la dictadura de

Francisco Bermúdez. Detenido por la policía, Cerpa fue caracterizado, según el muy peculiar estilo del informe policial, como:

"Un elemento subversivo, enemigo de la patria, sujeto peligroso, anarquista, traidor a la civilización occidental, hombre violento y soñador de utopías".

Exactamente un año antes de la toma de la residencia en Lima, Cerpa Cartolini había planificado otra ambiciosa operación: nada menos que la toma del Congreso de la República. La misión finalmente se frustró por una delación, y la consecuencia directa fue la detención de vientidós emerretistas que aguardaban en una casa en Lima la llegada de Cerpa Cartolini, quien se salvó de la pinza por el apuro policial.

Después de la recuperación de la residencia del embajador japonés, el destino del cadáver de Cerpa Cartolini fue, durante mucho tiempo, el secreto mejor guardado de la Inteligencia del Ejército. Pero con el tiempo y las primeras imputaciones contra el Estado peruano por las denuncias de ejecuciones extrajudiciales, se terminó conociendo que el líder emerretista estaba sepultado en un cementerio en el suburbano barrio limeño de Villa María del Triunfo. Allí se congregan, todos los años, devotos y admiradores del ex gremialista, quienes asisten con respeto al homenaje al líder guerrillero a quien consideran "un revolucionario". Según dejó sentado un cronista del *New York Times*, al pie de su tumba una mujer le aseguró con lágrimas en los ojos:

"Él luchó por nosotros, para los pobres. Mire cómo vivimos. Mire cómo morimos".

Pero mucho antes del final, cuando todavía el MRTA disponía de la iniciativa y de los rehenes en sus manos, la situación era de una incertidumbre cada vez mayor. No sólo para todos los rehenes, sino también para los secuestradores, que tampoco tenían muy en claro cuál podía ser el epílogo de la acción.

La demora en alcanzar un acuerdo fue desgastando la relación al interior del grupo, particularmente entre los ocho guerrilleros más jóvenes (todos de no más de vientidós años) y con menor preparación política, que procedían del Frente Juan Santos Atahualpa, en la selva central. Para el embajador boliviano Jorge Gumucio, uno de los setenta y un rehenes liberados posteriormente, los jóvenes del MRTA:

"También eran rehenes de su propia aventura. Lo único que querían era volver a la selva con un poco de plata en el bolsillo".

Por otra parte, con el paso del tiempo comenzaron a ensancharse las diferencias entre los principales dirigentes del MRTA en la residencia, particularmente cuando el Gobierno ofertó la liberación de veinticuatro prisioneros y la salida al exilio, en un último gesto conciliador. Entonces, a partir de los micrófonos colocados en el edificio, se pudo conocer que Cerpa Cartolini era partidario de aceptar la oferta, sin considerar esa elección como una capitulación, pero quedó en minoría ante la votación de los otros tres dirigentes. Poco antes de perder la votación, Cerpa dijo:

"Compañeros, yo creo que es la última vez que me atrevo a persistir con esta alternativa. Como decía Fidel, la historia me absolverá. Planteo que votemos sobre la propuesta. Mi voto es desistir por las razones expuestas".

Y como dijimos, por mayoría, se impuso la decisión de persistir con la toma.

En febrero de 1997, los rumores de una avanzada alternativa militar para rescatar a los rehenes comenzaron a ganar espacio en la prensa. El periódico *La República* anticipó la existencia de un "plan de intervención", que estaba siendo estudiado por la comandancia de las Fuerzas Armadas; había sido ideado por la Agencia de Inteligencia Militar y presentado a Fujimori. El rumor fue ganando credibilidad a partir del 17 de febrero, cuando *The New York Times* publicó más detalles sobre el secreto plan, incluyendo que requería un rol "crucial" de parte de Estados Unidos, ya que quienes estaban designados para el asalto final serían militares entrenados en el Comando Sur estadounidense, con base en Panamá, desde diciembre del año anterior.

Por supuesto, los trascendidos también llegaron a oídos de Cerpa Cartolini, quien decidió suspender cualquier diálogo con el Gobierno a partir de marzo, no sin antes denunciar ante los medios que por las noches escuchaban "ruidos extraños" debajo de la residencia, conjeturando que las Fuerzas Armadas estaban cavando túneles como parte de la táctica de asalto. También aseguró que, con la intención de disimular esos ruidos, el ejército había colocado altoparlantes alrededor de la residencia, desde donde difundían marchas militares a alto volumen (método justificado desde los mandos militares como un proceso de desgaste psicológico contra los guerrilleros), y que también desplegaban una constante táctica de maniobras con los tanques en las cercanías del lugar. El tiempo confirmaría que las sospechas de Cerpa Cartolini no podían estar más cercanas a la realidad.

Lo que el líder del MRTA no podía sospechar era que todas sus conversaciones, incluso aquellas más privadas, estaban siendo escuchadas y registradas en video por la Inteligencia del Ejército. Micrófonos y hasta una minicámara de video habían sido ingresados a la residencia ocultos en libros, juegos de mesa y hasta en la funda de una guitarra, y trasladados en algunos de los viajes cotidianos de los mediadores. Hasta una pequeña radio había sido enviada y acabó en manos del almirante Giampietri, quien terminó actuando como informante de las fuerzas militares y como alfil clave en la etapa previa al asalto final.

Giampietri fue quien recibió la recomendación de informar a todos los rehenes que el día pautado para el rescate vistieran ropa clara, para evitar ser confundidos con los uniformes oscuros de los guerrilleros, como así también fue el encargado de informar la ubicación exacta de cada uno de los integrantes del MRTA en el edificio, a escasos segundos de la primera explosión.

Asalto subterráneo

El 22 de abril de 1997 era la fecha marcada en rojo en el calendario de Fujimori. Ese día podía jugarse buena parte de la suerte de su segunda gestión al frente del Gobierno. Su imagen positiva seguía en caída libre desde el inicio de la crisis de los rehenes, y ese 75% de valoración positiva, cifra récord que había registrado semanas antes de la irrupción del MRTA en Lima, se había derrumbado hasta alcanzar apenas 40% en el último registro, días antes del asalto final. Fujimori se jugaba a todo o nada, y en esa decisión, más ligada a sus intereses políticos que a la preocupación por el desenlace del conflicto, estaba en juego la vida de setenta y dos rehenes.

Chavín de Huantar era el nombre clave con el que se había bautizado la operación que podía llevar a Fujimori a la gloria o al desastre. La referencia era por un famoso reducto arqueológico de la ancestral cultura preincaica Chavín de Huantar, un templo construido bajo tierra y caracterizado por la gran cantidad de pasillos subterráneos. Al igual que sus ancestros incas, el plan urdido desde la Inteligencia de las Fuerzas Armadas dependía en casi su totalidad del éxito de una serie de pasadizos construidos durante semanas, a tres metros bajo tierra, debidos a la esforzada tarea de veinticuatro mineros de La Oroya, empleados de la empresa estatal Centromin Perú. Ellos fueron los que cavaron los cinco túneles utilizados por el comando militar desde las viviendas adyacentes a la residencia del embajador nipón. En premio a su rapidez, y como los ductos fueron terminados antes de lo previsto, los pobres mineros debieron aguardar recluidos y aislados de sus familias durante varios días, por lo que la prensa los consideró "los otros rehenes".

A las 15:23 de aquel 22 de abril se ordenó el inicio de la operación.

La decisión de realizar el asalto durante la tarde se debió, principalmente, a que los guerrilleros guardaban particular atención a las medidas de seguridad durante la noche, pero relajaban esas mismas normas en horas de la tarde. Incluso, para distender el clima entre ellos después de más de cuatro meses de tensiones, discusiones y temores, Cerpa Cartolini había permitido que se organizaran algunos partidos de futbol en la sala más amplia de la residencia.

El asalto comenzó con la detonación simultánea de tres cargas explosivas desde el subsuelo de tres habitaciones diferentes. La primera explosión destruyó el piso donde estaban jugando al futbol ocho guerrilleros; tres de ellos murieron en el acto a causa de la explosión, pero el resto atinó a correr rumbo a las escaleras, con la intención de llegar al piso superior.

A través de los huecos que dejaron los tres estallidos, comenzaron a irrumpir en la residencia los integrantes del comando, dispuestos a aniquilar cualquier foco de resistencia. Cerpa fue uno de los que cayó por los balazos en la escalera. Al mismo tiempo, una veintena de agentes hizo su entrada por la puerta principal en procura de evitar fugas y colaborar con los comandos que disparaban en el interior del edificio.

Por otros dos túneles que daban a los jardines traseros, ingresaron más efectivos y, utilizando escaleras móviles, ascendieron hasta el segundo piso con el objetivo de abrir las puertas blindadas con granadas, para permitir la salida de los cautivos por allí, y de abrir nuevos boquetes en el techo para disparar a los guerrilleros que intentaran acercarse a las habitaciones de los prisioneros.

El único rehén que murió durante el operativo fue el vocal de la Corte Suprema de Justicia, Carlos Giusti Acuña, quien cayó baleado por error por el fuego de los comandos del ejército. Los dos soldados muertos fueron el teniente coronel Juan Sandoval y el teniente Raúl Jiménez, quienes cayeron a causa de proyectiles disparados por sus propios camaradas en la confusión del asalto, según la pericia balística desarrollada posteriormente.

Sonrisas, dudas y preguntas

Minutos después de escuchados los últimos disparos, justo en momentos en que la bandera del MRTA, que ondeaba en el mástil de la residencia diplomática desde el comienzo de la crisis, era arriada y reemplazada por la enseña peruana, el presidente Fujimori hizo su aparición ante las cámaras vestido con chaleco antibalas y abrazando a los rehenes rescatados.

Segundos más tarde, la prensa difundió las imágenes de un Fujimori exultante, cantando las estrofas del himno nacional con el resto de los sobrevivientes. Lo que siguió después fue un macabro recorrido por la escena del combate: de ese modo, los fotógrafos pudieron registrar al presidente junto a los cadáveres mutilados de los guerrilleros, y estuvieron particularmente atentos cuando Fujimori se detuvo ante el cuerpo de Cerpa Cartolini.

Si la victoria militar había sido concluyente para Fujimori (la muerte de tan sólo uno de los setenta y dos rehenes era señalado por los especialistas internacionales en tomas de rehenes como saldo "impecable" y "casi perfecto"), aún más gratificante resultaba el triunfo político que generaba la operación.

En cuestión de horas, la popularidad del presidente se disparó. Tuvo 70% de imagen positiva, consiguió el elogio unánime de políticos oficialistas y opositores y recibió felicitaciones de mandatarios de los países de la región y del mundo. En síntesis, capitalizó casi en exclusividad todo el rédito de la exitosa operación, a tal extremo que los días posteriores intentó profundizar aún más ese suceso tergiversando la verdad de los hechos y presentándose como único planificador del operativo, secundado apenas por el Servicio de Inteligencia Nacional (SIN), comandado por su mano derecha, Vladimiro Montesinos.

Claro que el aprovechamiento político de Fujimori requería algunas maniobras de apuro, vitales para evitarse incómodas polémicas. Una de ellas fue impedir que los cadáveres de los guerrilleros fueran retirados del escenario de los hechos por representantes de la Oficina del Fiscal General, como correspondía, y se lo hizo a través de fiscales militares. Pero eso no fue todo: los cuerpos no fueron trasladados al Instituto de Medicina Forense para realizar la autopsia exigida por la ley, sino que terminaron en la morgue del Hospital de Policía. Allí se realizaron autopsias sin las normas profesionales mínimas exigidas, y los resultados de los estudios permanecieron en secreto hasta 2001.

Por otro lado, se prohibió el ingreso de los familiares de los emerretistas para que identificaran los cadáveres, y todos los cuerpos fueron sepultados en el más absoluto secreto, dispersos en una decena de cementerios limeños.

Ante la exigencia de una ONG que solicitó a la Fiscalía General la pertinente identificación de los cuerpos, la oficina del fiscal respondió que se había resignado la jurisdicción del caso en manos del sistema de justicia militar. Semejante serie de irregularidades y de flagrantes violaciones a los convenios internacionales sólo pudo llevarse a cabo en virtud del clima de celebración y festejo de que gozaron Fujimori y su Gobierno durante esas primeras horas posteriores al asalto.

Pero ¿cómo quedaba parada la comisión de garantes ante la embestida militar que ridiculizó sus gestiones durante meses y los transformó, ante la opinión pública, en una simple cortina de humo que apenas si se organizó para disimular la verdadera estrategia de Fujimori?

El diplomático Anthony Vincent, integrante de la comisión que semanas antes advertía que las conversaciones con los guerrilleros podían llegar a buen puerto con un poco de decisión política, terminó confesando en una nota del *New York Times* que ese grupo había servido en realidad:

"... como una cubierta para dar [a Fujimori] el tiempo de poner en su lugar los elementos físicos y políticos necesarios para un asalto".

Para monseñor Cipriani, quien fuera la cabeza visible de la comisión, el saldo de la toma de rehenes no pudo ser peor. Cuando la prensa consultó su sensación apenas conocida la noticia del ataque, el religioso opinó desde su nuevo domicilio en Europa:

"Estoy desconcertado, abatido, defraudado, roto... Yo nunca esperaba ese final, ese terrible final. Durante los cuatro meses recé, luché y trabajé duro para lograr una salida pacífica".

Cipriani, luego de afirmar que Fujimori actuó "a mis espaldas" y que nada conocía de los planes del Ejército, señaló respecto de la sospecha de que él mismo podría haber ingresado micrófonos de forma voluntaria:

"Sólo éramos garantes de una solución pacífica. Jamás cruzó por mi conciencia hacer el doble juego, y trabajar para el Servicio de Inteligencia".

La cacería y los fusilamientos

El primer organismo en contradecir la versión oficial, sintetizada por Fujimori cuando aclaró que todos los emerretistas habían muerto en combate, fue la Agencia de Inteligencia de Defensa de Estados Unidos (DIA), que comunicó en un informe que un guerrillero había sido detenido cuando intentaba fugarse disimulado como rehén, pero finalmente fue reconocido y detenido por un comando. El prisionero había sido entregado a su superior y regresado al interior de la residencia, donde murió de una ráfaga de disparos en la cabeza.

Según el mismo informe de la DIA, el soldado encargado de la ejecución maniobró mal el arma y disparó una ráfaga de metralla que destrozó el cráneo del emerretista cuando, en realidad, debería haber disparado una sola bala, razón por la cual luego intentó disimular el cadáver situándolo debajo del cuerpo de Cerpa Cartolini. El informe de la DIA confirma que la orden expresa del presidente Fujimori había sido "no dejar a ningún MRTA con vida".

Sin embargo, la primera denuncia concreta de un testigo fue la del diplomático japonés Idetaka Ogura, quien aseguró en varias oportunidades que él había presenciado la captura de un guerrillero por parte de las fuerzas de seguridad, y que lo había visto detenido y maniatado junto a otros rehenes en una zona contigua a la residencia. Fue Ogura quien confirmó que el guerrillero, Eduardo Cruz Sánchez, "Tito" (el número dos del MRTA dentro de la residencia), desesperado, pidió ayuda a algunos rehenes y pretendió hacerse pasar por uno de ellos ante el asalto de los soldados, y asesorado por los cautivos se quitó el uniforme para intentar pasar inadvertido. Por ese motivo, al momento de su captura, Tito vestía un pantalón azul y un pulóver verde. Sin embargo, en el jardín de una casa vecina, uno de los rehenes alertó a dos policías:

"Éste no es un rehén; éste es un terrorista".

Después de revisarlo, los policías lo esposaron y llamaron por radio al encargado del área de rescate, el coronel Jesús Zamudio Aliaga, para esperar órdenes. Éste era un hombre de extrema confianza de Montesinos, y contestó:

"Esperen, voy a mandar a recogerlo".

Cuando su nombre comenzó a vincularse con los fusilamientos, Zamudio señaló a la revista *Caretas* que durante el rescate su función fue garantizar la seguridad en el perímetro de la residencia y que siempre acató la orden del general José Zapata:

"Evitar el cruce de fuegos entre la seguridad externa —que ignoraba el momento del ataque— y los comandos operativos".

Pese a ello, una fotografía publicada en la misma revista reveló que Zamudio se encontraba en la parte posterior del interior de la residencia, a muy corta distancia de donde se detuvo a *Tito*.

En su libro *El diálogo obstruido*, Ogura aporta más detalles sobre las ejecuciones:

"En ese momento vi detenidos a Cyntia y a otro guerrillero (no pude ver su cara). Cyntia gritaba. No pude captar bien si decía 'No lo maten' o 'No me maten'".

En otro tramo del libro, el diplomático agrega:

"Todos los rehenes que estábamos en la habitación I fuimos conducidos por el túnel hacia la casa contigua por el cuerpo especial. Ahí vi a Tito tirado en el suelo con las manos amarradas atrás. De esta escena he sido testigo junto con diez rehenes japoneses y siete rehenes peruanos. La casa vecina donde fuimos a refugiarnos estaba resguardada por el cuerpo de la Policía Nacional, pero Tito fue llevado de regreso a la residencia".

Como respuesta a la denuncia de Ogura, el almirante Giampietri señaló indignado que el diplomático japonés había sostenido "un perfil dudoso" durante el secuestro, dejando entrever que había sido un colaboracionista del MRTA durante la crisis.

Pese a ello, otros testimonios confirmaron los dichos de Ogura. Dos agentes de policía ratificaron el diálogo con Zamudio y explicaron que entregaron el prisionero a un comando que se llevó esposado a Tito de regreso al interior de la residencia. Algunas horas más tarde, el presidente Fujimori posaba junto al cadáver de Tito con la cabeza destruida, ante todas las cámaras de televisión.

Un par de días más tarde, otro de los rehenes, el ex ministro de Agricultura Rodolfo Muñante, reconoció a una cronista del diario holandés *De Volksrant* que durante el operativo escuchó y vio a un emerretista, no sin antes gritar con claridad "¡Me rindo!", quitarse el chaleco con explosivos y entregarse. Y agregó:

"Él intentó sacarse desesperadamente el armamento, el chaleco con granadas. Pero tenía tantas que no lo conseguía. Observé bien: él se entregó".

Sin embargo, horas más tarde Muñante negó sus propios dichos y aclaró que el humo de las explosiones "hacía imposible la visibilidad", aun después de que la periodista Ineke Holt, que lo entrevistó, ofreciera el audio de la nota para confirmar sus dichos.

Por su parte, el periódico japonés *Mainichi* dio cuenta de que que "varios testigos" presenciaron cómo los militares capturaron con vida a los emerretistas Tito y Cintya, y añadió que, tras el asalto, los militares condujeron esposado a Tito por el mismo túnel por el que habían entrado a la residencia. Del mismo modo, el diario cita a testigos que vieron a Cintya capturada viva y que "en un momento se escuchó gritar: ¡No la maten!", tras lo cual se perdió todo rastro de ella.

Según testimonios de los rehenes, recogidos por el diario *La República*, varios de ellos habían escuchado los gritos de rendición de uno de los jóvenes guerrilleros, y con respecto a las jóvenes emerretistas explicaron a la prensa:

"Las chicas se asustaron tanto que sólo atinaron a gritar que se rendían, que no las mataran".

Una vez que el caso cayó en manos de la Corte Interamericana de Derechos Humanos (CIDH), la situación legal del Gobierno de Perú empeoró a nivel internacional.

En su conclusión, la CIDH confirma que tres miembros del MRTA fueron ejecutados extrajudicialmente:

"... cuando se encontraban en custodia de agentes estatales y, al momento de la ejecución, no representaban una amenaza para sus captores".

También estimó que la intervención de la justicia militar en el caso fue "ilegal" y señaló que el Estado peruano:

"... no ha llevado a cabo una investigación diligente y efectiva de los hechos, ni ha determinado las responsabilidades sobre los autores materiales e intelectuales de éstos".

Ante la coincidencia de los testimonios, a la Fiscalía General no le quedó otra opción que abrir un proceso de investigación para confirmar la existencia de ejecuciones y para identificar en la cadena de mando la orden de ejecución.

La exhumación del cadáver de Tito validó aún más la hipótesis del fusilamiento, ya que los exámenes forenses revelaron que el guerrillero había muerto como consecuencia de un disparo que le perforó la región anterior del cuello, "una zona poco accesible para un tirador", según consta en el reporte forense. Es decir, la bala entró desde un ángulo difícil de adjudicar a un disparo ocasional de un tiroteo y desde escasa distancia. El mismo informe ratificó que ocho de los catorce guerrilleros tenían orificios de bala en la nuca, y que los disparos se habían efectuado de atrás hacia adelante, signo inequívoco de haber recibido un tiro de gracia.

Sin condena, sin respuestas

Durante varios años se desarrolló en Lima, con más pausa que prisa, el proceso por las presuntas ejecuciones extrajudiciales. Desde el principio, se aclaró que los que estaban siendo juzgados no eran los integrantes del grupo comando que protagonizó el rescate, sino una cadena de mando paralela, conformada especialmente para ejecutar prisioneros rendidos o sobrevivientes, en la que figuraban Vladimiro Montesinos (ex asesor presidencial), Nicolás Hermoza Ríos (ex comandante general del Ejército), Roberto Huamán Azcurra (ex jefe del Servicio de Inteligencia Nacional) y Jesús Zamudio Aliaga. Ellos cuatro eran los que encabezan el grupo del SIN conocido con el nombre de *gallinazos* durante la recuperación, y quienes entraron en acción catorce minutos después de iniciada la operación con la consigna de "rematar" a cualquier sobreviviente del MRTA.

La limitación judicial de no poder inquietar a ningún integrante del grupo comando –considerados "héroes nacionales" por la prensa y los políticos de turno– no hizo otra cosa que complicar la investigación. Para la fiscalía, los emerretistas Eduardo Cruz Sánchez (Tito), Víctor Peceros Pedraza y Luz Meléndez Cueva fueron capturados vivos y luego ejecutados.

Pese a ello, la conclusión de tantas irregularidades fue la absolución de los acusados por parte del tribunal de la Corte Superior de la Base Naval del Callao, en un fallo difundido recién en octubre de 2012. En él, la misma sala admite que la "ejecución arbitraria" de Tito está probada, pero se considera incapaz de poder identificar la cadena de mando. Para la abogada de la Asociación Pro Derechos Humanos, Gloria Cano:

"La sala ha emitido una sentencia bastante contradictoria, en principio, por lo que ha señalado, ya que incluso indicó que la fiscalía ha llevado mal el caso, y que el fiscal se ha contradicho al emitir su alegato oral y el escrito".

Sin embargo, vale agregar que Montesinos y Hermoza purgan otra condena de veinticinco años de prisión por el asesinato de veinticinco civiles; Roberto Huamán quedó libre desde 2011, luego de nueve años preso sin sentencia. Zamudio sigue prófugo de la justicia pero, extrañamente, en 2008 no tuvo problemas para renovar su documento de identidad para cobrar la jubilación.

La pregunta que carece de respuesta todavía es por qué se ordenó la ejecución de los emerretistas. ¿Qué razón motivó a quien dio la orden de ejecutar a todos los sobrevivientes? El periodista de Discovery Channel, Sally Bowen, propone una hipótesis interesante:

"Los del MRTA hicieron quedar como estúpidos a los servicios militares y de inteligencia. La mayoría de los catorce guerrilleros era muy joven y venía de la selva. Aunque finalmente no obtuvieran lo que buscaban, mancillaron el orgullo de las Fuerzas Armadas y los servicios de inteligencia. Debían vengarse".

Lo que ningún cronista tampoco profundizó entonces fue la actitud de los emerretistas con los rehenes durante el asalto.

Según todos los testimonios, está claro que varios de los guerrilleros alcanzaron las habitaciones donde permanecían cuerpo a tierra los cautivos y, si hubieran querido, podrían haber disparado sobre ellos. Sin embargo, no lo hicieron.

El rehén y ex jefe de la DINCOTE, Máximo Rivera Díaz, confesó que apenas iniciado el rescate, uno de los emerretistas ingresó a la habitación donde estaba y les habló:

"Leo entró al cuarto y nos dijo: 'Tírense al suelo, nomás, no levanten la cabeza'".

Rodolfo Muñante aportó otro testimonio en ese mismo sentido, describiendo la situación de extrema confusión y miedo que se respiraba en el primer piso a poco de iniciado el fuego de los comandos. Muñante comenta que un guerrillero abrió la puerta donde él estaba y, desencajado, encañonó a todos los presentes, pero un segundo más tarde bajó el arma y salió al pasillo:

"No sé qué pasó, no sé si dudó, pero vi tristeza en sus ojos. Tal vez por la orden de matarnos o quizá porque vio su vida desperdiciada. Salió sin matar a nadie, sin lanzar ni una granada. Me dio la impresión de que el muchacho estaba arrepentido".

La conclusión evidente es que si la decisión de los guerrilleros hubiera sido ejecutar a los rehenes, el accionar de los comandos no lo hubiera podido impedir, al menos en cuanto a disparar sobre una considerable cantidad de prisioneros.

Es más, la operación en su concepción original se tenía que desarrollar en un estimado de seis minutos. Finalmente, demoró dieciséis minutos, tiempo suficiente para que alguno de los guerrilleros intentara al menos disparar a varios grupos de rehenes, si ésa hubiese sido su voluntad.

Capítulo 5
MASACRE EN EL TEATRO
Operación Dubrovka (Rusia, 2002)

"Nuestro objetivo principal es preservar la vida de los rehenes."
Vladimir Putin, horas antes de ordenar el ataque

Eran las 21:05 del miércoles 23 de octubre de 2002 cuando las puertas del Teatro Central de Moscú, situado en el barrio obrero de Dubrovka, se abrieron abruptamente. En ese preciso momento, los espectadores de la muy popular comedia musical *Nord Ost*, un drama romántico basado en la novela *Dos capitanes*, de Veniamin Kaverin, aguardaban el final del intermedio.

Sólo hubo tiempo para escuchar las ráfagas de fusiles Kalashnikov al aire y los gritos de medio centenar de guerrilleros vestidos con ropa de camuflaje y pasamontañas, que irrumpían en el edificio. Uno de ellos trepó al escenario y desde allí disparó, al tiempo que exigía a los actores de la obra que descendieran y se acomodaran con el resto del público, que ya padecía los efectos del pánico.

De inmediato, el grupo comando se distribuyó en la sala, bloqueó las puertas de acceso y de salida y requirió a todos, actores y público en general, que se juntaran en la platea y permanecieran en calma. Los guerrilleros instalaron explosivos en sectores estratégicos de la sala y sobre los asientos.

Según el testimonio de sobrevivientes, se pudo saber que algunos espectadores confundidos no comprendieron del todo si aquella aparición tan teatral no formaba parte, en definitiva, del moderno despliegue en escena de *Nord Ost*, una obra que ya llevaba un año en cartel y que contaba, por ejemplo, hasta con un avión situado en mitad del escenario.

En esos primeros instantes, algunos actores y miembros del personal de servicio que aguardaban tras bambalinas el final de la pausa aprovecharon la confusión y el caos para saltar por las ventanas o escapar por las puertas de emergencia. Otros actores se ocultaron detrás de bastidores, fuera del alcance de los terroristas islámicos, y esperaron hasta la noche para abandonar el edificio desde una ventana, improvisando una cuerda con el vestuario del teatro.

En la antigua Casa de Cultura de la Fábrica de Rodamientos, quedaron como rehenes ochocientas cincuenta personas, entre el público y el personal vinculado al espectáculo. El grupo comando explicó a los allí presentes que exigían la retirada definitiva e inmediata de los ochenta mil efectivos de las tropas rusas del territorio de la república caucásica, presentes desde octubre de 1999, y el fin de una guerra que ya había provocado la muerte de mil civiles desde su inicio, en 1994.

Por la libertad de Chechenia

Si bien el conflicto en Chechenia cuenta con antecedentes próximos en el tiempo, la historia de desencuentros de Grozni (su capital) con Moscú comenzó mucho antes, desde el siglo XIX incluso. Ya durante la Segunda Guerra Mundial, Stalin acusó a los chechenos de intentar colaborar con los invasores alemanes y ordenó una deportación masiva que aniquiló, como víctimas del tifus, a casi la mitad de quienes emprendieron el exilio rumbo a Asia Central o Siberia. En los años 90, poco después de la desintegración de la Unión Soviética, el Kremlin atacó la región nuevamente para frustrar los proyectos separatistas a través de un bombardeo constante. Los separatistas eligieron desde entonces el camino de la resistencia a través de la guerra de guerrillas. Ocultos en las montañas, exigían autonomía total mientras enviaban algunos grupos comando para realizar acciones terroristas. Luego de una frágil tregua pactada en 1996, las disputas internas terminaron por empujar al pequeño país a casi una guerra civil tres años más tarde, en la llamada Segunda Guerra

Chechena. Esta vez jugaron un papel protagónico algunos grupos islámicos.

Movsar Baráyev, de apenas veintidós años, sobrino de uno de los más reconocidos combatientes chechenos, pero hasta entonces desconocido en Moscú (y también en Grozni), era el nombre del joven líder del comando de cincuenta combatientes llamado la Escuadra Suicida de la 29º División. Habían trasladado gran cantidad de armamento hasta un local vecino al teatro fingiendo ser trabajadores de reparaciones de un restaurante. Para un analista del conflicto en el Cáucaso, el español Javier Morales Hernández, Baráyev en realidad no hizo otra cosa que seguir las órdenes dictadas por otras personas:

"Movsar no era sino uno más de los innumerables cabecillas de grupos armados, sin carisma ni influencia política, ni mucho menos capacidad para organizar, sin ayuda, una operación de la envergadura de la toma de rehenes en Moscú".

En ese sentido, horas después se supo que el organizador intelectual de la toma había sido el ex líder del Ejército Revolucionario Checheno, Shamil Basayev.

Para Morales Hernández, lo extraño de lanzarse a una acción tan temeraria en pleno corazón de Moscú fue que nadie en Chechenia podía creer a ciencia cierta que el presidente Vladimir Putin cedería a las exigencias de un grupo secuestrador, por lo que el motivo de la maniobra, en realidad, había que buscarlo en otro sitio.

Dice el especialista español:

"[La operación] no había sido con el objetivo de conseguir una improbable retirada de las tropas rusas de Chechenia. En cambio, sus fines podrían haber sido tanto propagandísticos del radicalismo islámico como una maniobra política para eliminar a otros candidatos moderados de la escena chechena: ya que si éstos conseguían iniciar negociaciones con Moscú, los primeros perjudicados serían los mismos que tomaron el Dubrovka".

"Victoria o paraíso", decían los carteles con los que entraron al teatro los enmascarados del comando suicida, integrado por treinta y dos hombres y dieciocho mujeres. Ellas monopolizaron el interés de la prensa apenas conocida la noticia de la toma. Sus advertencias a los secuestrados fueron terminantes y atemorizaron a éstos:

"Hemos venido aquí a morir y a encontrarnos con Alá. Ustedes también partirán con nosotros".

Esas jóvenes viudas de combatientes, todas vestidas de negro (de allí el apodo de "viudas negras" que recibieron por parte del periodismo ruso) y con explosivos de ochocientos gramos a dos kilos de trotyl atados a su cintura, asumían ahora la responsabilidad de protagonizar acciones militares en memoria de sus familiares caídos.

En un territorio castigado por la guerra como Chechenia, la BBC estimaba que 75% de las mujeres de esa región habían perdido algún familiar, 60% había padecido la destrucción de sus hogares y al menos la mitad estaba desempleada. Si a este peligroso coctel de crisis y dolor se le sumaba la presencia del fundamentalismo islámico, no resultaba tan extraño que esas viudas negras fueran también las encargadas de colocar cien kilos de explosivo en las puertas de ingreso al Dubrovka.

Un día de furia

Una hora más tarde del secuestro, pasadas ya las primeras secuencias de pánico, los secuestradores liberaron a veinte niños y a todos los adultos de procedencia caucásica, a quienes tiempo más tarde seguirían todos los ciudadanos extranjeros y el resto de los niños presentes en el teatro. También permitieron a los rehenes utilizar sus teléfonos celulares para comunicarse con familiares y con agencias de noticias y canales de televisión, para denunciar los hechos solicitando a las autoridades rusas que no intentaran recuperar el teatro por la fuerza porque, en ese caso, volarían todos en pedazos.

El jueves 24, cerca de las 4 de la mañana, en un confuso episodio del que existen varias versiones, una mujer que había ingresado al edificio de forma temeraria murió de un disparo descerrajado por un guerrillero del grupo separatista. Ellos denunciaron que en realidad se trataba de un miembro de los servicios secretos rusos, que había desoído las advertencias de no avanzar hacia el teatro. El nombre de la víctima era Olga Romanova. La mujer, de alguna manera, logró sortear el cerco militar de seguridad y acercarse al lugar gritando:

"¡Lleguemos a un acuerdo, basta de jueguitos, liberen al menos a los niños!".

La mujer avanzaba ante la incredulidad de los chechenos y de los rehenes, que de inmediato intentaron salvar su vida alegando que seguramente estaba ebria o era una enferma mental. Pero no hubo caso. Como Romanova enfrentó al jefe terrorista de un modo precipitado, fue separada por dos comandos y ejecutada finalmente en el sótano del teatro.

Baráyev aprovechó el interés de los medios y exigió la presencia de un equipo de televisión para grabar un mensaje. Allí negó cualquier vínculo entre su grupo separatista y la red internacional Al Qaeda, tal como había deslizado el presidente Putin en su primera declaración pública sobre el episodio. Baráyev, que impuso un plazo de seis días para que el ejército abandonara Chechenia, insistió:

"Podemos resistir tanto como se nos antoje. Estamos aquí para morir, queremos un fin definitivo de la guerra y el retiro de las tropas rusas de Chechenia".

El cantante Iósif Kobzón, que entró al teatro dos veces ese jueves para intentar colaborar con las negociaciones, confirmó:

"No hay desesperación ni pánico entre los rehenes".

También señaló que si bien la observación general era que los secuestradores se comportaban con calma, mantenían la disciplina y eran respetuosos con ellos, el tiempo pasaba y su paciencia se perdía.

Por la tarde de ese mismo día y estancadas las negociaciones con los mediadores enviados por el Gobierno ruso, el comando checheno amenazó con comenzar a matar rehenes a las 6 de la mañana del día siguiente, si Moscú no comenzaba a retirar sus tropas de Chechenia.

Algunos minutos más tarde, la voz de una de las mujeres rehenes, Anna Adriánova, se hizo escuchar para transmitir un mensaje (esta vez sí desesperado) a todos los medios de comunicación:

"Pedimos a la comunidad mundial que presione para que Rusia retire sus tropas de Chechenia. Si quieren ayudarnos, difúndanlo. Eso nos salvará la vida".

Ya se habían iniciado las tensas conversaciones con delegados del Gobierno: la vicepresidenta de la Duma (asamblea representativa) estatal, Irina Jakamada, fue la primera en ser admitida por los chechenos como interlocutora y, al salir de uno de los encuentros, precisó ante la prensa que los secuestradores estarían dispuestos a liberar a cincuenta rehenes a cambio de la salida de prisión de Ajmad Kadirov, el ex jefe de Gobierno de Chechenia. La diputada además señaló:

"Lo más importante es mantener abierto un proceso de negociación con los que toman las decisiones".

Si bien resultó exitoso el intento de permitir el ingreso de dos médicos de nacionalidad jordana para revisar a los rehenes de mayor edad, no tuvo el mismo éxito el intento por enviar setecientas raciones de comida para los rehenes, oferta que el comando rechazó de modo lapidario. Según lo repitió el diputado Valeri Draganov a la salida de las conversaciones, dijeron:

"Nosotros tampoco comemos, así que si nosotros somos capaces de aguantar, también ellos pueden hacerlo".

El único alimento distribuido entre los rehenes fueron las golosinas tomadas de la cafetería del teatro, al menos hasta la noche del jueves, cuando la periodista Anna Politkóvskaya, una de las emisarias aceptadas para realizar la mediación, llegó al teatro con una carretilla trasladando comida y agua. Esta periodista se había ganado el respeto de los chechenos por sus artículos denunciando los abusos militares rusos durante la ocupación. Un par de años después de la toma del Dubrovka, murió envenenada en circunstancias aún no aclaradas. Días antes de su muerte, la cronista había confesado:

"El que quiera trabajar como periodista en Rusia o es servil a Putin o puede pagar su activismo con la muerte, la bala o el veneno".

El asalto final

La noche del viernes 25 de octubre, la paciencia del presidente Putin tocó su límite. La impresión era que el conflicto en el teatro había llegado demasiado lejos, y que el retraso en aplicar cualquier solución drástica sólo podría significar nuevos contratiempos y un empeoramiento radical de la situación, ya de por sí grave.

Para el líder ruso, la salida militar fue la única alternativa contemplada desde un primer momento, y también la más efectiva a la hora de lanzar un mensaje inequívoco a todos los separatistas: el Kremlin no negociaría con ellos, ni aun en las peores condiciones posibles, y aplastaría con toda su fuerza cualquier acto de rebeldía, sin miramientos y asumiendo todos los riesgos y costos políticos, que en el caso del Dubrovka no eran pocos.

Putin no cedería. No cometería el mismo error que su antecesor en el cargo, Boris Yeltsin, quien en 1995 había afrontado el secuestro de más de un millar de pacientes y médicos de un hospital en la ciudad de Budiónovsk por parte de un grupo separatista y, presionado por las circunstancias, había ordenado un alto el fuego y el retiro de las tropas para evitar una masacre. Además, Putin ya había atravesado una crisis tres años atrás debido a sus cavilaciones y a sus demoras en tomar decisiones clave. Entonces, en agosto de 2000, los ciento dieciocho tripulantes del submarino Kursk habían muerto ahogados en las profundidades del océano Ártico, después de jornadas donde abundó el diálogo interminable y la más completa ineficacia técnica; jornadas que el propio Putin había decidido seguir no desde el lugar de los hechos, sino desde su refugio de descanso, en Sachin. Pero esta vez no. Rápido de reflejos y dispuesto a confirmar que había aprendido de los errores (suyos y ajenos), el premier suspendió su viaje a Portugal y tomó las riendas del caso Dubrovka desde el principio.

Mucho antes de que se agotara el ultimátum impuesto por los chechenos, que habían amenazado con iniciar la ejecución de rehenes, y poco más tarde de la salida del lugar del primer ministro Yevgueni Promakov, que había intentado la última negociación sin demasiado éxito, comenzó a pergeñarse el ataque.

Pese a la promesa del director del Servicio Federal de Seguridad, Nikolai Patrushev, quien ante la prensa aseguró que respetarían la vida de los secuestradores si eran liberados los rehenes, las fuerzas Alfa preparaban todo para la embestida definitiva a través del sótano, el alcantarillado y otros ductos. Poco antes, una cañería rota había inundado buena parte del auditorio y había obligado a los secuestradores a dividir a los rehenes en el piso inferior y en el primer piso.

A las 5:35 de la mañana del sábado 26, cincuenta horas después de iniciada la toma, se apagó el proyector que iluminaba la entrada principal del teatro. Era la señal acordada. Las Fuerzas Especiales bombearon un agente químico somnífero desconocido a través de los conductos de ventilación del teatro (lo que paralizó a varios rehenes y secuestradores) antes de iniciar el ataque final. Cuando los ocupantes chechenos advirtieron la presencia del gas corrieron a tomar posiciones, rompieron las ventanas y comenzaron a disparar hacia el exterior. A los cincuenta minutos, cuando el gas ya había producido sus efectos, tres explosiones simultáneas abrieron boquetes en las paredes, y doscientos militares penetraron en el teatro.

Dos horas después, todo había terminado sin un solo herido en el bando de los militares ocupantes, que utilizaron máscaras antigas. Pero la escena que éstos dejaban atrás era lo más parecido a una pesadilla.

Había allí más de un centenar de cadáveres tirados en el suelo o apoyados en las butacas, charcos de sangre en todos los rincones, pilas de basura por todos lados. El foso de la orquesta había sido convertido en patética letrina durante los días de asedio.

Los cincuenta chechenos, incluidas las dieciocho mujeres, fueron acribillados a balazos. Si bien en un primer momento se informó que algunos se encontraban detenidos, finalmente la información oficial confirmó que todos habían muerto.

La gran pregunta que desde el sonido del último disparo inquietó a las autoridades fue por qué los terroristas no activaron los artefactos explosivos cuando observaron que se iniciaba el operativo de rescate.

"Varios rehenes aseguran que, pese a los efectos del gas, los chechenos estaban en condiciones de hacerlo. Sin embargo, casi todos se concentraron en ofrecer resistencia a las fuerzas rusas".

Tal fue lo señalado por el periodista Dimitri Polikarpov, quien además añadió el testimonio de un antiguo perito criminalista de la KGB para intentar dilucidar el misterio:

"Considero que, desde el primer momento, no pensaban activar las bombas que, evidentemente, no estaban preparadas para ser activadas al instante. No veo otra explicación".

La versión oficial dio cuenta de al menos ciento veintiocho rehenes muertos durante el operativo de liberación, ocho de ellos extranjeros, pero las estimaciones del periodismo llegaron a ubicar la cifra real en doscientas víctimas fatales. La mayoría de ellos murió en el teatro por los efectos del gas, o bien, en el traslado al hospital en condiciones lamentables.

Pocos días después, los medios que logaron burlar la censura gubernamental sobre el episodio comenzaron a difundir los terribles audios previos al rescate: conversaciones telefónicas mantenidas por los rehenes en el preciso instante en que el final comenzaba. Un rehén relataba, entre gritos de histeria y algunas detonaciones de fondo:

"Nos están gaseando. Esto es lo que nuestro Gobierno ha decidido, que nadie salga vivo de aquí. ¡Vamos a saltar todos por los aires!".

Algunos minutos antes, una de las mujeres rehenes le había dicho a una amiga por teléfono:

"Espero que no terminemos como en el *Kursk*".

Se refería a la tragedia del submarino nuclear de ese nombre, cuya tripulación entera murió por un accidente en el Mar de Barents, en agosto de 2000, sin que las autoridades rusas pudieran hacer nada.

El asesino silencioso

La muerte de tantos rehenes debido a la inhalación del gas propalado por las fuerzas de rescate desató el escándalo. ¿Qué sustancias contenía? ¿Quién había sugerido su uso? ¿Cómo no se había previsto distribuir algún antídoto entre los rehenes? ¿Por qué el Kremlin era tan celoso a la hora de informar sobre ese gas mortal?

Nadie confirmó si en definitiva se utilizó allí un tipo de gas nervioso, prohibido por la Convención Internacional sobre Armas Químicas realizada en 1993, y las informaciones que se difundieron se caracterizaron más por su costado contradictorio que por su voluntad de divulgación.

Las razones por las que desde un comienzo las autoridades rusas se negaron a informar en detalle sobre la sustancia bombeada en el Dubrovka fueron sin duda diversas. Es más, en un primer momento, el viceministro del Interior, Vladimir Vasiliev, llegó a negar que la mayoría de los rehenes hubiera muerto debido a la aplicación del gas (a los "recursos especiales", según el eufemismo del funcionario) de parte de las fuerzas del Estado. La primera fuente oficial en aportar datos más cercanos a la verdad fue la del anestesista jefe de los Servicios Médicos de Moscú, Evgueni Evdokimov, quien sin profundizar demasiado y para eludir el cerco periodístico montado a su alrededor admitió que la sustancia narcótica elegida para el plan era similar a la utilizada para la anestesia general, agregando:

"En importantes dosis, esa sustancia provoca modificaciones de las funciones esenciales del organismo".

El especialista también detalló que esos cambios pueden traducirse en pérdida del conocimiento, trastornos respiratorios y circulatorios.

Por otra parte y algunos días más tarde, el ministro de Sanidad, Yuri Shevchenko, explicó que el gas utilizado era, en realidad, un derivado del citrato de fentanil, un opiáceo sintético usado como analgésico narcótico en la anestesia, aduciendo:

"Estas sustancias en sí mismas no pueden provocar un desenlace letal".

Para el ministro Shevchenko, lo que había producido la muerte de tantos rehenes no había sido tanto la droga aplicada sino el factor de su estado de salud general, en situación límite después de cincuenta y ocho horas sin alimentos, con falta de oxígeno, agua y movilidad. De algún modo, el funcionario salía al cruce de la información aportada por la revista *New Scientist*, que había señalado que la droga implicaba un coctel de fentanil y halotano, un analgésico común, según las muestras estudiadas por científicos alemanes en los rehenes de esa nacionalidad. De acuerdo con la explicación de los alemanes, los efectos biológicos del fentanil:

"... no se distinguen de los de la heroína, excepto por el hecho de que pueden ser cientos de veces más potentes".

En ese sentido, profesores de la Universidad de Lomonósov, en Moscú, agregaron ante la prensa que si el gas utilizado era solamente el fentanil en sobredosis, la reacción debería haber contemplado la aplicación inmediata de inyecciones con dos tipos de antídoto: naxolona y nalorfina. Sin embargo, la atención médica demoró horas para los rehenes en peor estado.

Según los especialistas, el citrato de fentanilo, que se utiliza para adormecer a animales de grandes dimensiones, no sólo es ciento vienticinco veces más potente que la morfina; se distribuye por los tejidos mucho más velozmente y produce un efecto director depresor sobre el centro de ventilación del sistema nervioso central. Por otra parte, un especialista británico afirmó que se trataba en realidad del agente químico conocido como BZ, un alucinógeno desarrollado en Estados Unidos para ser utilizado durante la guerra en Vietnam, que provoca la pérdida de conciencia durante algunos segundos y una parálisis motriz.

Uno de los rehenes sobrevivientes explicó ante un cronista de la agencia AFP que, tras haber respirado el gas, se desvaneció y comparó la sensación con haber tomado "mil litros de vodka".

Tampoco se dieron precisiones sobre el costo exacto de vidas. Finalmente se llegó a mencionar como saldo ciento sesenta y nueve muertos, ciento diecinueve entre el público que asistía a la representación musical el día anterior, sumados a los cincuenta rebeldes. Otras estimaciones señalan que ciento quince de los ciento diecisiete rehenes muertos (sesenta y tres hombres y cincuenta y cuatro mujeres) durante el operativo perdieron la vida debido al gas paralizante utilizado por las tropas rusas, al menos así lo informó el jefe de Servicios Médicos moscovita, Andrei Seltovsk, en conferencia de prensa:

"Entre los rehenes, dos murieron por los disparos y todos los demás a causa del gas especial".

Pero no sólo eso: el mismo día del rescate, seiscientos cuarenta y seis rehenes debieron ser hospitalizados con síntomas de envenenamiento o bien con insuficiencias respiratorias y cardíacas; ciento cincuenta fueron destinados a servicios de reanimación y cuarenta y cinco llegaron en estado grave, pero apenas cinco de ellos con heridas de bala.

Sobre la muerte de todos los integrantes del comando checheno, nunca se ofrecieron precisiones acerca de cuántos murieron a causa del gas y cuántos por los balazos de la fuerza que recuperó el teatro. Desde las horas posteriores al rescate, la prensa rusa especuló con que a todos los miembros del comando se los había rematado de un tiro en la cabeza para evitar que accionaran los cinturones con explosivos que mantenían pegados al cuerpo.

Nadie se preocupó desde el Estado por atender los reclamos de los más de ochocientos familiares que asistieron al desenlace trágico del acontecimiento, a metros de la valla perimetral impuesta por los efectivos policiales, quienes pretendían conocer la suerte de familiares y amigos. Al mismo tiempo, los cadáveres eran trasladados en el más estricto secreto a escasos metros de allí.

Putin y el final

Frente a las cámaras de televisión que aguardaban por su testimonio en un hospital, Putin apareció de guardapolvo blanco. Allí pidió perdón a las familias de las víctimas por "no haber podido salvar a todos, pero se hizo lo imposible". Afirmó que nadie sería capaz de "poner a Rusia de rodillas", volvió a agitar el miedo ante el terrorismo internacional, al que llamó "el enemigo de *todos*" y después calificó como "basuras armadas", pero no aportó ningún dato concreto que pudiera desplazar las dudas en algunos aspectos del operativo terminado en masacre.

Horas después se lanzó desde el Kremlin la Operación Limpieza: un rastrillaje por toda Chechenia en busca de bandas cómplices y grupos aliados de los guerrilleros muertos en Dubrovka. La orden terminante era perseguir a los rebeldes "hasta el reducto más insignificante".

La decisión temeraria del presidente Putin recibió el apoyo inmediato del Alto Representante de la Unión Europea para la Política Exterior y de Seguridad Común, Javier Solana, quien elogió a los rusos:

"Se ha usado una técnica que hubiera utilizado cualquier país, tal como cabría esperar: durmiendo a la gente".

El siguiente respaldo fue el del Gobierno de Estados Unidos, que intentó vincular al comando checheno con elementos de la red terrorista Al Qaeda, de Osama Bin Laden. Si bien el Departamento de Estado exigió tibiamente conocer en detalle la sustancia utilizada, el respaldo de Washington fue todo lo que Putin necesitaba para seguir adelante sin preocuparse por las críticas, que se multiplicaron en su país.

Lo que llegó después fue una censura total sobre la información referida a la masacre en el Dubrovka o a acciones guerrilleras en Chechenia. Si durante el secuestro, el Gobierno cerró una cadena de televisión y una página web por divulgar los mensajes de los secuestradores, horas después del desenlace fatal cualquier cifra de rehenes muertos no oficial era eliminada de los teletipos de agencia, cualquier mención a la supuesta composición del gas somnífero era borrada de los diarios y cualquier espacio concedido a los familiares de las víctimas y secuestrados en Moscú (quienes también exigían el final de la guerra en Chechenia) fue borrado de la agenda mediática en todo el país.

La versión oficial de los hechos fue, entonces, la brindada por el portavoz oficial del Ejecutivo:

"Ha sido una operación brillante, preparada minuciosamente y ejecutada con una precisión casi matemática".

Por otra parte, el Ejecutivo se ocupó de crear el Comité Nacional Antiterrorista como método de presión sobre los diputados, exigiendo que la Duma aprobara una enmienda en la Ley de lucha contra el terrorismo, que prohibiera de modo tajante "cumplir cualquier exigencia política de un secuestrador". Por su parte, Putin aseguró ante la prensa extranjera en octubre de 2004:

"Me he impuesto una serie de normas que siempre cumplo. La primera de ellas, nunca miento. Siempre digo la verdad, sin importar si es hermosa o desagradable. Nuestro pueblo se merece que le digan la verdad".

Sin embargo, los familiares de las víctimas del Dubrovka no parecen estar de acuerdo con el mandatario, ya que a través de su informe autónomo, *Nord-Ost: una investigación inacabada*, dan cuenta de varias mentiras de Putin y de una clara intención de trabar cualquier pesquisa profunda sobre los hechos, como por ejemplo, haber ordenado la disolución del equipo de investigación en 2003. En una medida de Estado, sus referentes fueron detenidos por las fuerzas de seguridad y se les prohibió manifestarse públicamente sin permiso del Gobierno.

Del mismo modo, una encuesta publicada por el Centro de Estudios Sociológicos de Yuri Levada siete años después de la masacre confirmó que 52% de los mil seiscientos rusos consultados creía que el Gobierno seguía ocultando conscientemente la verdad de los hechos, y tan sólo 8% confiaba en la versión oficial. Además, 69% de los consultados estimaba que, en casos de secuestros masivos, las autoridades tienen la obligación de priorizar la vida de los rehenes, incluso si eso significa conceder las demandas de grupos terroristas.

Para la periodista Oksana Chelysheva, quien fue una de las mediadoras durante el conflicto en el teatro, en virtud de su papel como subdirectora de la ONG Sociedad por la Amistad Ruso-Chechena, de las ciento sesenta personas que murieron en el Dubrovka, al menos sesenta y nueve no recibieron atención médica y sus muertes no fueron certificadas por ningún médico. Según la cronista:

"Kristina Kurbatova, de trece años de edad, llegó al hospital inconsciente; simplemente la habían declarado muerta y la habían metido en los frigoríficos de la morgue. Su padre arribó al hospital al día siguiente y cuando le pidió a un médico que estableciese la causa de su muerte, la temperatura del cuerpo indicó que había muerto estando en el depósito de cadáveres. Otra chica, Nina Molividova, también de trece años, murió asfixiada mientras la transportaban sobre el suelo de un autobús, encontrándose bajo los cuerpos de los vivos y muertos que habían colocado sobre ella".

La misma periodista señala que los sobrevivientes al "rescate" del teatro padecen hasta hoy complicaciones psicomotrices y discapacidades derivadas del gas inhalado aquella madrugada, y destaca que las pensiones económicas prometidas a cada uno de ellos son "estremecedoramente escasas". Y agrega más:

"Las víctimas del terror son olvidadas por el Estado, y han decidido imponer una prohibición a que los funcionarios asistan a sus vigilias conmemorativas".

A la hora de buscar culpables del presente de violencia en su tierra natal, Chelysheva no titubea en señalar al premier Putin:

"Es uno de los máximos responsables de los crímenes en Chechenia".

Sobre las razones de la masacre, el analista Morales Hernández afirma que se trató de "una patente negligencia gubernamental", y detalla:

"Lo que sí se pudo observar en los momentos posteriores al asalto de las fuerzas rusas es una falta de preparación y de coordinación impensables en un país desarrollado. No sólo no se les administró el antídoto a los rehenes liberados en el mismo momento en que abandonaron el edificio, sino que ni siquiera se había informado adecuadamente a los médicos del tratamiento que debían administrarles".

Por último, Morales Hernández estima que mientras Rusia no asuma la tarea de solucionar los problemas de fondo que generan acciones como las del Dubrovka, será difícil imaginar un cese a los atentados terroristas:

"La raíz política de la amenaza terrorista en Rusia es el conflicto por la independencia de Chechenia. Hasta que no se eliminen las causas del apoyo social a los terroristas –y para ello no se puede convertir en enemigo al único sector de los independentistas con el que sería posible un diálogo–, el número de quienes optan por el terror como instrumento no hará sino aumentar".

Pese al esfuerzo de Putin por mostrarse intransigente y dispuesto a todo, ello no alcanzó para amainar el ímpetu separatista de los chechenos. De hecho, dos años después de los eventos en el Dubrovka, otra vez la tragedia terrorista tiñó a toda Rusia de rojo.

En septiembre de 2004, en la ciudad de Beslán, treinta terroristas chechenos ocuparon una escuela y tomaron como rehenes a mil ciento ochenta y un personas (la mayoría, niños estudiantes), planteando exigencias similares al grupo que atacó el Dubrovka. La desesperación de los padres y familiares de los niños, que hasta llegaron al extremo de amenazar con disparar contra las fuerzas del Ejército si intentaban rescatar por la fuerza a sus hijos, no impidió que Putin, otra vez, eligiera el camino de la liberación por la fuerza. Pero esta vez el resultado final fue aún más atroz: dos días después, durante el operativo de rescate, las fuerzas rusas dejaron un tendal de trescientos muertos, entre ellos ciento setenta y un niños; al menos doscientos desaparecidos y cientos de heridos.

Otra vez, Putin había decidido priorizar su imagen de líder inclaudicable antes que ceder al mínimo requerimiento en una situación extorsiva. Otra vez, cientos de rusos padecieron en carne propia la frialdad e intransigencia de su máximo líder.

Capítulo 6
LAS MENTIRAS DEL SEÑOR URIBE
Operación Jaque (Colombia, 2008)

"Los errores se pueden perdonar cuando son de buena fe, pero la mentira no, porque se le hace un daño imperdonable al país."
Álvaro Uribe, a poco de explicar que su primera versión de los hechos no se había ajustado demasiado a la verdad debido a un engaño de las Fuerzas Armadas

Frente a ella, una ráfaga de flashes iluminó su rostro. Cientos de micrófonos la rodearon de inmediato y desde la platea de periodistas que habían desbordado la sede del Comando Aéreo de Transporte Militar en Bogotá empezaron a llover preguntas a los gritos. Entonces, Ingrid Betancourt, ataviada aún con uniforme y sombrero militar y dispuesta a ofrecer una enorme sonrisa a todas las cámaras de los reporteros, esperó un momento de sosiego entre tanta expectación para pedir la palabra. Antes de anegarse en lágrimas de felicidad, alcanzó a pronunciar:

"Gracias al Ejército mío, de mi patria, Colombia. Creo que es una impecable operación. [...] He llorado mucho mientras estuve secuestrada; ahora lloro de alegría".

Luego explicó que tanto tiempo en cautiverio no había disminuido sus aspiraciones a progresar en la política de su país:

"Sí, sigo con la ilusión de servir a Colombia. Si desde la presidencia, sólo Dios sabe".

Estaba libre. Libre después de un cautiverio de seis años, cuatro meses y nueve días, que se había hecho eterno para la ciudadana francocolombiana y ex candidata a la presidencia por el Partido Verde. Estaba libre, desde aquel sombrío día de febrero de 2002, cuando se dirigía a la zona de distensión establecida por el entonces mandatario Andrés Pastrana, con el objeto de participar de las conversaciones de paz con la guerrilla. Con ella, también había sido apresada su asesora, Clara Rojas.

Desde entonces, en poder de las Fuerzas Armadas de la Revolución de Colombia (FARC), la guerrilla más antigua de la región, Ingrid se transformó en la rehén de mayor valía en términos políticos, no sólo por su condición de personaje público y aspirante a la presidencia, sino por la preocupación que generó su secuestro de parte del Estado francés, debido a su doble ciudadanía.

Desde la selva, Ingrid había sido testigo de cientos de negociaciones trabadas, frustrados operativos de rescate y mediaciones fracasadas, en una rutina que recién alcanzó un cierre el martes 2 de julio de 2008, cuando fue rescatada en una operación en la que también recuperaron su libertad tres "contratistas" estadounidenses (a decir verdad, se trataba de asesores del Departamento de Defensa y de la compañía Northrop Grumman), siete miembros del Ejército Nacional y cuatro policías.

Operación Jaque fue el nombre elegido para bautizar la maniobra del Ejército que recorrió las primeras planas de todos los diarios del mundo. Se trataba, ni más ni menos, que del operativo de rescate de rehenes más efectivo de la historia: se habían recuperado quince de los más valiosos cautivos de la guerrilla más poderosa del continente. El despliegue militar se había ejecutado en territorio enemigo y sin mediar un solo disparo, sin una sola víctima que lamentar. Había sido, a todas luces, una operación ejemplar.

Entonces no demoraron en llegar los llamados telefónicos y telegramas con las felicitaciones de cientos de mandatarios de todo el mundo, elogiando al presidente Álvaro Uribe Vélez por el rotundo éxito de la maniobra; un éxito imprevisto y hasta inconcebible para muchos de los analistas que habían estudiado en profundidad el presente del conflicto colombiano, entrecruzado por variables aún más problemáticas, como la influencia del narcotráfico y la presencia militar de Estados Unidos en el país desde el inicio del llamado Plan Colombia.

Y si bien las FARC habían recibido en los últimos meses algunos golpes importantes de parte del Ejército, seguían manteniendo su influencia en amplias regiones del país, y conservaban un potencial logístico que no permitía avizorar un traspié de tanta importancia. En cuestión de horas, la imagen positiva del presidente Uribe ascendió a registros récord. Ya nadie recordó sus problemas con la Corte Suprema; tampoco se mencionaron sus vínculos con las fuerzas paramilitares, ni mucho menos las denuncias por haber financiado parte de su campaña presidencial con dinero del narcotráfico. Nadie mejor que Uribe conocía la importancia del golpe de efecto mediático después del triunfo, y se preparó para capitalizarlo hasta el final.

Al menos hasta que la prensa comenzó a hacerse las preguntas elementales, a subrayar los aspectos contradictorios o inverosímiles de la versión oficial y a cotejar el relato del operativo con la verdad de las imágenes y las pruebas que comenzarían a teñirlo de un gris de duda y engaño.

¿La operación perfecta?

Voceros del Gobierno insistieron, desde un principio, en que la Operación Jaque se trató de una efectiva acción basada en dos elementos clave: la inteligencia y la infiltración. Según la versión oficial difundida a pocas horas del rescate de los quince rehenes, el primer paso en el diseño del plan de inteligencia se generó cuando el subintendente policial, Jhon Frank Pinchao, escapó en abril de 2007, después de doce días de caminata y de permanecer nueve años en cautiverio en las prisiones de las FARC. La información brindada por Pinchao resultó el primer eslabón para dar con la ubicación precisa de Betancourt y los rehenes estadounidenses, los prisioneros más valiosos y más celosamente custodiados por las FARC.

Otra fuente oficial destaca que la liberación de las rehenes Clara Rojas y Consuelo González, en enero del mismo año y con la intermediación clave del Gobierno de Venezuela, había aportado en realidad la información más certera respecto de la ubicación concreta de los rehenes.

Agentes de inteligencia ya habían denunciado el supuesto avistamiento de los rehenes americanos, detectados mientras se bañaban en el río Inírida, situado en el selvático departamento de Guaviare, más precisamente en las localidades de La Paz y Tomachipán, unos cuatrocientos kilómetros al sur de Bogotá. Del mismo modo, se contaba con algunas certezas respecto de que los rehenes estaban divididos en tres grupos, lo que dificultaba cualquier operación de rescate militar, ya que antes de cualquier intento era preciso reunir a la mayor cantidad posible en un solo campamento. Al parecer, a partir de la confirmación de ese dato comenzaron los esfuerzos por infiltrar agentes del Ejército colombiano en el Frente Primero de las FARC.

El éxito rotundo de la operación impidió que cualquier periodista pusiera en duda, al menos los primeros días, la temeraria explicación brindada ante los micrófonos por el entonces ministro de Defensa, Juan Manuel Santos, quien afirmó que la estrategia de infiltración había llegado al extremo de posicionar agentes del Estado en el mismísimo secretariado de las FARC. Estos espías, según el funcionario, habían tenido como tarea prioritaria convencer a dos cuadros regionales de la guerrilla de la necesidad de trasladar a los secuestrados a una misma zona, con la intención de llevarlos ante el comandante guerrillero Alfonso Cano, para dar inicio a un proceso de intercambio humanitario.

La acción de infiltración funcionó con los guerrilleros Gerardo Antonio Aguilar, "César", de cuarenta y seis años, y Alexander Farfán, "Gafas", quienes tenían a su cargo la seguridad de los rehenes. Primero, siempre según el relato brindado desde el Ministerio de Defensa, se le comunicó a César la nueva orden referida a la reunión de prisioneros; después se lo persuadió para que no intentara comunicarse con sus superiores por medio del teléfono satelital, con el pretexto de que podían ser detectados por las fuerzas enemigas. El tercer paso fue exigir el traslado de los rehenes hasta un paraje donde un helicóptero de una organización humanitaria que pretendía ayudar a las FARC los transportaría hasta la Comandancia donde esperaba Cano.

Para entonces, el Ejército ya había ideado el ardid de formar una Organización No Gubernamental (ONG) ficticia, a partir de pintar de blanco un helicóptero militar Mil Mi-17, destinado a facilitar el traslado de los rehenes. Cuando llegó la hora de la cita pautada con los guerrilleros en un claro selvático, con una ingenuidad extrañísima, los dos combatientes de las FARC subieron a los quince rehenes al aparato y lo abordaron ellos mismos, pero dejaron sus armas a sus camaradas en tierra. En pocos segundos, y ya surcando el cielo, los militares abandonaron la fachada humanitaria y redujeron a los insurgentes ante la mirada incrédula de los rehenes, que no terminaban de comprender lo que sucedía ante sus ojos.

"Somos el Ejército Nacional, están en libertad", se dice que expresó entonces el jefe del operativo, confirmando el éxito de la maniobra que había demorado apenas vientidós minutos y trece segundos de acción.

Allí, en verdad, comenzó otro periplo diferente; aquel que se basaría en las negociaciones secretas entre los rehenes y el Gobierno para brindar una versión uniforme de los hechos, y ajustada a las necesidades propagandísticas de los organizadores. También sería el tiempo de la capitalización política de la acción por parte del Gobierno de Álvaro Uribe Vélez.

Mentiras peligrosas

El Presidente, en clara posición defensiva y apenas comenzaron a rodar por los medios los rumores sobre actitudes poco claras y hasta procedimientos ilegales durante el operativo de rescate, protestó con contundencia:

"A este debate hay que elevarlo. Que un Estado engañe a un enemigo no lo cuestiona ni San Francisco de Asís".

El primer elemento puesto en cuestión apareció muy tibiamente cuando, desde la cadena estadounidense CNN, se informó que el equipo de rescate del Ejército había utilizado emblemas de la Cruz Roja Internacional para hacer más verosímil su fachada "humanitaria". El origen de la denuncia de CNN fue un video de cincuenta y ocho minutos ofrecido a sesenta mil dólares por una fuente anónima del Ministerio de Defensa, que la señal americana rechazó, pero que semanas después sí aceptó pagar y transmitir el canal privado RCN Televisión. Pero además, hasta en la transmisión oficial del rescate, editada por los militares colombianos, se advierte la presencia de un símbolo de la Cruz Roja en el chaleco de uno de los comandos protagonistas de la acción. La raíz del conflicto es que ese uso viola claramente el artículo 230 del Reglamento de la Convención de La Haya, que prohíbe categóricamente el uso indebido de signos protectores, así como también el artículo 37 del Protocolo adicional de Ginebra del 12 de agosto de 1949, relativo a la protección de víctimas de conflictos armados internacionales. En ese artículo se señala:

"Constituirán perfidia los actos que, apelando a la buena fe de un adversario con intención de traicionarla, den a entender a éste que tiene derecho a protección, o que está obligado a concederla, de conformidad con las normas de derecho internacional aplicables en los conflictos armados".

Ante la fuerza incontrastable de la prueba, al presidente Uribe no le quedó otra opción que reconocer el error, e intentar reparar el daño frente a la opinión pública con una explicación tendiente a reducir el impacto de la manipulación:

"Un oficial, equivocadamente y contrariando las órdenes dadas, reconoció que, producto de su nerviosismo, al observar la cantidad de guerrilleros armados alrededor del helicóptero, se puso sobre el chaleco un peto de tela que llevaba el símbolo de la Cruz Roja".

Después de las rápidas disculpas del presidente Uribe, la Cruz Roja Internacional, a través de su vocero en Ginebra, Florian Westphal, anunció que no iniciaría acciones legales contra el Gobierno de Colombia. La misma Ingrid Betancourt respaldó la versión oficial, al relatar desde un principio que ignoraba el uso de símbolos humanitarios entre los rescatistas, ante la poco espontánea consulta del propio Uribe frente a las cámaras de televisión:

"Por supuesto que miré, señor presidente. En los años que llevamos como rehenes nos hemos convertido en expertos en identificar a quienes nos vienen a ver. Eso es lo extraño. Vi un helicóptero blanco y me dije, ¿qué es esto? ¿Francia? No. ¿La Cruz Roja? ¿No? No había símbolos, no había emblemas".

La ex cautiva pareció convincente. Sin embargo, una semana más tarde, cuando parecía que el Gobierno había logrado tranquilizar las aguas de un potencial conflicto jurídico de dimensiones internacionales, se difundió más material audiovisual del rescate, y éste llegaba a desmentir la aclaración de Uribe.

En un video filtrado por un miembro del Ejército colombiano, se observa con claridad la franja roja sobre la pintura blanca del helicóptero, pero también que el chaleco con el símbolo de la Cruz Roja ya había sido utilizado desde el primero de los ensayos realizados en una finca campesina en el sur del país, un par de días antes de la operación. En el mismo audiovisual, sobre el final de la cinta, se muestra al grupo comando que protagonizó la operación improvisando una hoguera con todos los distintivos utilizados, como un intento irrefutable por eliminar la evidencia comprometedora. De ese modo, se confirmó que la utilización del símbolo no fue ocasional sino más bien premeditada.

La divulgación de ese material secreto enfureció a las autoridades colombianas:

"La filtración fue un acto de deslealtad, incluso de traición a la patria, porque pone en riesgo a las personas que participaron de la operación".

Ésa fue la protesta del ministro de Defensa, Juan Manuel Santos, ante la novedad que dejaba tan mal parado al presidente Uribe y su explicación del "nervioso soldado" con el logo de la Cruz Roja. El ministro Santos, fastidioso ante las preguntas del periodismo, aseveró:

"Vamos a averiguar qué fue lo que sucedió y por qué se nos dijo lo que se nos dijo. Vamos a tomar también las acciones del caso. En el Gobierno hemos procurado decir siempre la verdad. Si hubiésemos sabido que el logo se había utilizado desde un principio, lo hubiéramos dicho sin ningún problema".

La reacción del Gobierno ante un nuevo mal paso fue anunciar que los integrantes del comando que tomaron parte en la Operación Jaque no serían condecorados con la Cruz de Boyacá, máxima orden de mérito colombiana, como un intento tardío por distender la situación con la Cruz Roja.

Pero los problemas no quedarían allí.

El siguiente elemento controvertido fue la utilización del registro legal de Global Humanitaria, una ONG real con sede en Barcelona, aun después de confirmar desde el Gobierno que lo que se había utilizado era una ONG ficticia de nombre "Misión Humanitaria Internacional", esto incluso cuando el general Freddy Padilla afirmó en primera instancia:

"No dimos ningún nombre a la supuesta organización ni pusimos ningún logo".

Lo cierto es que el invento del gobierno colombiano tenía su propia página web (que desapareció de Internet el día después de la denuncia de CNN), y allí figuraba el registro legal de la ONG real, cuyas autoridades anunciaron que estudiarían la posibilidad de accionar legalmente por la usurpación de sus datos jurídicos: su número de registro (el 22 695); su imagen corporativa; la fecha de inscripción (2 de noviembre de 1999) y hasta su definición de principios; por poner en riesgo "su trabajo y su neutralidad". De hecho, el logo que aparecía pegado en un costado del helicóptero de rescate es idéntico al utilizado por la ONG real, con sede en España. La directora de Global Humanitaria Colombia, Lina María Correa, además de detallar que la ONG se definía como una fundación laica dedicada desde hacía más de diez años a mejorar la vida de los niños del Tercer Mundo a través de programas de cooperación comunitarios, y de confirmar su presencia en Colombia desde 1998, aclaró:

"Estamos sorprendidos porque nuestra posición y nuestro trabajo son muy neutrales. No tenemos nada que ver con esta ONG ficticia. No hemos hecho nunca gestiones humanitarias delante de las FARC".

El tercer punto que profundizó la polémica fue la visualización, en el video oficial del rescate, de falsos periodistas dentro del helicóptero de rescate MI 17, con micrófonos con los símbolos de los canales Telesur, con sede en Caracas, y Ecuavisa, de Quito. Si bien el objetivo del Gobierno era brindarle aún más confianza al grupo guerrillero que entregaría a los prisioneros, ya que estaban comprometidos periodistas de medios internacionales, la utilización de esos símbolos de un modo inconsulto generó la crítica del periodista Jorge Enrique Botero, quien señaló:

"Poner unos falsos periodistas en la escena es alarmante para quienes ejercemos la profesión, pues eso podría ponernos en riesgo".

Ciertamente, no hace falta esforzarse mucho para imaginar cuán dañada puede, en el futuro, quedar la imagen neutral de la prensa en el conflicto colombiano, después de este episodio en el que fue utilizada como cebo para la trampa montada contra los guerrilleros.

El último elemento controvertido recibido por el Gobierno se dio a partir del presunto apoyo extranjero durante la Operación Jaque, si bien desde el principio el ministro Santos aseveró enfáticamente que no había existido aporte alguno de ningún otro país y que la operación había sido "cien por ciento colombiana". La única salvedad reconocida por el Ministerio de Defensa fue el aprovechamiento de una aeronave de vigilancia de Estados Unidos, que se ocupó de monitorear el operativo a la distancia. Pero las informaciones contrapuestas no tardaron en llegar.

Un periodista de *Los Angeles Times* afirmó que Washington aportó a la misión un avión de transporte y un equipo médico para los rehenes liberados. El diario alemán *Der Spiegel* notificó que, al menos desde septiembre de 2008, se venían utilizando satélites estadounidenses para rastrear la localización de los secuestrados en la selva colombiana. De hecho, el portavoz del Consejo de Seguridad de Estados Unidos, Gordon Johndroe, señaló que su organismo sustentó la operación proporcionando "apoyo específico" a través de su embajador en Bogotá y del jefe del Comando Sur del Ejército, James Stavridis.

Por otro lado, también el periodismo puso énfasis en el rol jugado por la agencia Global CST, la compañía de seguridad que pertenece a dos ex oficiales del ejército israelí. La agencia habría firmado con el Estado colombiano un contrato por diez millones de dólares a cambio de asesoramiento y equipamiento de seguridad; y si bien se mencionó que se había utilizado tecnología israelí durante el rastreo de los rehenes (Israel es el principal proveedor de armas de Colombia), esta información no fue confirmada.

Sin embargo, ningún factor de controversia alcanzó la magnitud de la denuncia por haber materializado el rescate a cambio de una enorme suma de dinero.

La batalla y la pantalla

Indignado, el general Freddy Padilla dijo:

"Como comandante de las Fuerzas Militares niego que el Gobierno de Colombia haya cancelado un solo centavo por esta operación".

Antes había definido esas versiones como "patadas de ahogado" de organizaciones simpatizantes de las FARC en el exterior, en un intento por frenar la serie de rumores y especulaciones cada vez más lógicas que comenzaban a expandirse en los medios de comunicación locales e internacionales. En sintonía con esto, el comandante a cargo del operativo, el general Mario Montoya, aseguró a viva voz que toda la operación no costó más de mil setecientos dólares en total, y que de ningún modo se le había pagado a nadie para facilitar la acción.

De todos modos, el virus de la duda ya había alcanzado las redacciones del país y, desde entonces, todos los analistas colombianos se repetían las mismas preguntas.

¿Y si la versión deslizada por la Radio Suiza Romande (RSR) fuera cierta, y el rescate más perfecto del siglo hubiera sido, en realidad, un vulgar intercambio comercial?

¿Y si era verdad que el Gobierno colombiano había desembolsado veinte millones de dólares (otras conjeturas llegan a elevar la cifra hasta los cien millones) para algunos dirigentes de las FARC, y así poder montar el operativo de propaganda más importante de la década?

¿Y si era cierto que la intención del Gobierno colombiano fue catapultar la imagen positiva del entonces ministro de Defensa Juan Manuel Santos como candidato a la presidencia del país en 2010, mostrándolo como el gran estratega de la operación?

De a poco, ésa fue la versión que comenzó a ganar espacio en la prensa, y a ella se sumó la hipótesis del analista venezolano Luis Britto García y del periodista español Pascual Serrano. Para ellos, cuando el Ejército engañó a los guerrilleros y recuperó a los rehenes, las FARC justamente se encontraban a mitad del proceso de liberación unilateral.

"Las guerras, incluso las de liberación, no se pelean en los campos de batalla sino en las pantallas de televisión".

Tal fue la razonable afirmación de Britto García, dando cuenta de un fenómeno que confirma el cada vez mayor poder de influencia de los operativos de prensa. El objetivo del Gobierno, según el mismo analista, era interceptar la comitiva guerrillera con los rehenes, que tenía previsto entregarlos la semana siguiente, y presentar el acontecimiento como un exitoso y valiente rescate, montando una acción propagandística fuera de serie y anotarse un éxito de incalculable valor político, con la complicidad imprescindible de un enorme montaje mediático.

Por esa razón, según avanza el intelectual venezolano, se ocultó a la prensa la información brindada por el diario *El País* de Madrid semanas antes, donde se mencionaba la presencia en Colombia de dos delegados europeos, el antiguo cónsul francés en Bogotá, Noel Sáez, y el diplomático suizo Jean Pierre Gontard, encargados de negociar con la guerrilla la liberación humanitaria de un grupo de prisioneros.

Con la autorización del Gobierno de Uribe y el visto bueno de las FARC, la delegación europea avanzó en las negociaciones a tal extremo que anunció la intención de la guerrilla de canjear a unos cuarenta rehenes, Ingrid Betancourt entre ellos, a cambio de quinientos guerrilleros presos en las cárceles del Estado. En ese momento, la novedad significaba la reapertura de un canal de comunicación con la jefatura de las FARC, que permanecía cerrada después del asesinato del guerrillero Raúl Reyes en territorio ecuatoriano en marzo de 2008.

Sin embargo, el Gobierno ocultaba otras intenciones: había utilizado equipamiento electrónico de seguimiento a través de la vestimenta de los delegados europeos, para seguir sus pasos con atención y detectar el lugar elegido para la inminente entrega.

Se estaba montando, desde esta perspectiva, la maniobra de propaganda que habría de cambiar la historia de Colombia para siempre.

En síntesis, la presunción es que los jefes guerrilleros ya estaban preparando los detalles para una inminente entrega de prisioneros, y de allí su ingenua disposición a colaborar con la "misión humanitaria", que ocultaba una operación del Ejército colombiano.

A último momento, el Gobierno habría dado un golpe de timón e interceptado la entrega de prisioneros para presentarla ante el mundo como una operación de rescate exitosa, en un ejercicio de manipulación de la opinión pública con pocos precedentes en la historia moderna.

¿Cien millones de razones?

En cuanto a la versión de un acuerdo financiero, algunos episodios en extremo curiosos terminan por dar verosimilitud a esa hipótesis.

En primera instancia, la decisión de los dos guerrilleros de las FARC de abordar el helicóptero desarmados es una actitud que ratifica la plena confianza de los insurgentes de que estaba en marcha un operativo de rescate pactado con anterioridad. De hecho, el resto de la columna guerrillera se mantuvo alejada al menos cien metros del helicóptero en todo momento, para permitir que el abordaje se realizara sin ningún contratiempo.

El segundo factor que genera desconfianza radica en la versión oficial, que señala que César habría sido engañado por un agente imitador de la voz del jefe guerrillero Alfonso Cano, quien brindó la orden de reunir a los prisioneros, divididos en tres grupos y distantes unos cincuenta kilómetros entre sí, para trasladarlos ciento cincuenta kilómetros al norte, al lugar de encuentro.

Si la caminata de los cautivos demoró un mes y medio, es muy poco creíble que durante todo ese tiempo el guerrillero a cargo del traslado no haya recibido nuevas órdenes de la comandancia y no haya reclamado alguna confirmación por radio.

Por otro lado, es menos verosímil aún aceptar que el trabajo de infiltración del Ejército haya rendido tan provechosos frutos en apenas tres semanas de trabajo.

Dando cuenta de un nivel de ineptitud e impericia extremo para una guerrilla con cuatro décadas de combate sobre sus espaldas, y con una sonrisa triunfadora, el general Montoya señaló:

"Los convencimos de que estaban hablando entre ellos mismos".

Un tercer elemento que despierta las suspicacias de la prensa internacional es el excelente estado físico del que gozaba Ingrid Betancourt al momento de su rescate, estado que viene a contradecir la imagen de la rehén delgada, lánguida y enfermiza que habían difundido esos mismos medios poco antes del final de su cautiverio.

En todo caso, puede presumirse que la excelente condición de Betancourt se debía a la cercanía de la liberación y al inicio de la operación de entrega, pautada con mucho tiempo de antelación.

Otra variable que despierta las dudas es la del desconocido paradero actual de los guerrilleros capturados. No sólo eso: también llama mucho la atención la rapidez con que fue aprobada la extradición del guerrillero César a Estados Unidos. Apenas un año después de ejecutada la operación, viajó rumbo a aquel país, decisión que generó no pocas suspicacias. Allá fue sentenciado igual de rápidamente a veinte años de prisión por tráfico de drogas.

Gafas, por su parte, no fue extraditado (según se adujo, porque su delito se cometió enteramente en el país), pero sí sentenciado a diecinueve años de prisión por el secuestro de los tres contratistas estadounidenses. Las autoridades colombianas se han movido con absoluta reserva, impidiendo cualquier contacto entre los guerrilleros detenidos y los medios de comunicación.

En ese mismo sentido, *WikiLeaks* difundió en 2011 un cable enviado desde la Embajada de Estados Unidos en Bogotá hacia el departamento de Estado en Washington, una semana antes de la Operación Jaque, donde se afirma que el guerrillero César se mantenía en contacto con el Gobierno de Uribe a través de la Iglesia, para negociar un viaje seguro a Francia, con su esposa Doris Ariadna (también miembro de las FARC, detenida desde febrero de 2008 y en la lista de extraditables por narcotráfico) e hija, a cambio de la liberación de Betancourt.

Por otro lado, el documental del periodista Gonzalo Guillén, *Operación Jaque, una jugada no tan maestra*, da cuenta de la exigencia de cien millones de dólares de parte de César y Gafas, y también de reuniones secretas entre el mando guerrillero y delegados del Gobierno, la DEA y el FBI, en plena selva colombiana. Según Guillén, el propio presidente Uribe había ofrecido entregar la suma de cien millones de dólares a cambio de la libertad de Ingrid Betancourt y del resto de los prisioneros en manos de las FARC, y además se comprometió públicamente a no extraditar a los guerrilleros que aceptaran entregar a los rehenes. Señaló el cronista colombiano:

"Todavía no entiendo cuál es la utilidad de montar una mentira porque, en todo caso, el resultado fue espectacular: liberaron a quince personas sin daño para nadie. Creo que si hubieran pagado mil millones en vez de cien millones de dólares por que la gente recuperara su libertad, me habría parecido igualmente maravilloso".

Guillén fue desautorizado por el ministro Santos, quien lo señaló como un "idiota útil" que le hacía el juego a la guerrilla.

Demasiadas sombras

En realidad, el presidente Uribe había declarado ante los medios en dos oportunidades, el 25 de mayo y el 4 de junio, la voluntad por parte del Estado colombiano de beneficiar a cualquier integrante de las FARC que facilitara la liberación de Betancourt. En la primera declaración manifestó:

"El Gobierno ha recibido llamadas de las FARC, en las cuales algunos cabecillas anuncian su decisión de retirarse y de entregar a Ingrid Betancourt, si el Gobierno les garantiza libertad. La respuesta del Gobierno es sí, se les garantiza la libertad".

Un par de semanas más tarde, la oferta se volvía más atractiva todavía, al aseverar la existencia de un fondo reservado de cien millones de dólares para quienes entregaran a los rehenes, además de comprometerse a buscar "mecanismos jurídicos" para beneficiar a los entregadores y tramitar su exilio en algún destino a acordar.

Es decir, ante la prensa local, el presidente Uribe explicaba en detalle la parte silenciada de la operación que, de modo evidente, ya había comenzado.

De parte del secretariado de las FARC, se negó la efectividad del supuesto trabajo de inteligencia y persuasión desarrollado por el Ejército, y se puso el acento en la traición de los dos combatientes:

"La fuga de quince prisioneros de guerra, el pasado 15 de julio, fue consecuencia de la despreciable conducta de César y Enrique, que traicionaron su compromiso revolucionario y la confianza que en ellos se depositó. Independiente de un episodio como el sucedido, inherente a cualquier confrontación política y militar, donde se presentan victorias y reveses, mantenemos vigente nuestra política por concretar acuerdos humanitarios que logren el intercambio y además protejan a la población civil de los efectos del conflicto. De persistir en el rescate como única vía, el Gobierno debe asumir todas las consecuencias de su temeraria y aventurera decisión".

El escueto comunicado de las FARC no clarifica algunos puntos controvertidos y claves, como la existencia o no de un acuerdo económico.

De modo que no queda claro si el pacto financiero, de haber existido, se manejó de modo privado entre el Gobierno y los cuadros medios de las FARC, o formaron parte de la negociación los altos mandos guerrilleros.

En definitiva, y según la opinión de los especialistas en el conflicto, si es cierta la versión del engaño del que fueron víctima los guerrilleros, la actitud del Gobierno colombiano no hace otra cosa que desestimular cualquier acción futura tendiente al intercambio humanitario de prisioneros, y entorpece aún más la salida dialogada a una crisis que atraviesa el último medio siglo de historia en el país.

En la madeja de mentiras, falsedades y operaciones de prensa, esta vez en mitad de una negociación entre el Gobierno de Santos y la jefatura de las FARC en Europa, todavía hoy millones de colombianos se siguen preguntando, en relación con la Operación Jaque, si algún día se conocerá toda la verdad.

A modo de conclusión

¿En cuántas oportunidades hemos leído o escuchado amenazas como las que pronunció recientemente un vocero del grupo fundamentalista de Al Qaeda en el Magreb Islámico (AQMI), de nombre Salah Abou Mohamed?

Al momento de cerrar estas páginas, en Níger y desde hace dos años, permanecen secuestrados cuatro trabajadores franceses de la empresa nuclear Areva, como represalia por la supuesta intervención militar de los galos en el norte de Mali. Hasta el diálogo de sordos entre uno y otros parece familiar. Por ejemplo, afirman los terroristas:

"Nosotros anunciamos, por vía de este comunicado, nuestra voluntad de negociación. Es el Gobierno francés el que ha cerrado la puerta a las negociaciones y continúa poniendo en peligro la vida de vuestros hijos. Al contrario, nosotros estamos abiertos a toda negociación. Esperamos que vuestro Gobierno dé el primer paso".

Cuántas veces hemos escuchado respuestas como las que ofreció ante los medios de prensa el presidente francés François Hollande:

"Francia hará todo lo que está en sus manos para liberar a los rehenes".

Lo dijo poco después de recibir en la Casa de Gobierno a los desesperados familiares de las víctimas. Lo que no pudo ofrecer fueron respuestas.

Otra vez es la trama política la desplegada sobre el escenario y una situación de rehenes que conmueve a una nación.

Otra vez, los secuestradores que aprovechan la sensibilidad nacional en un tema controvertido para intentar tomar la iniciativa y alcanzar sus exigencias (en este caso, la salida de las tropas francesas de Afganistán y un rescate de cien millones de euros); y un Gobierno que anuncia que su prioridad será, como siempre, salvaguardar la vida de los rehenes pero que, en realidad, parece más preocupado por intensificar su presencia bélica en la zona de conflicto que por buscar una salida negociada.

Hacerse cargo

El antecedente de 2010 es una dura lección que el Gobierno francés deberá tener en cuenta. Entonces, el intento de rescate del ingeniero Michel Germaneau en esa misma zona –el norte de Mali– terminó con el fracaso operativo de la misión conjunta de franceses y mauritanos y con el cautivo, un ingeniero de setenta y ocho años, decapitado.

Si bien en ese momento el mandatario galo, Nicolás Sarkozy calificó la decisión de los fundamentalistas como "un acto de barbarie y de odio", evitó referirse al problema de que AQMI había anunciado cada uno de sus pasos previamente, en caso de sufrir una ofensiva militar como la lanzada desde París. De modo que Sarkozy, en ningún momento brindó explicaciones de por qué su Gobierno desoyó las amenazas terroristas y decidió, consciente de los riesgos que se corrían, lanzar un operativo que, además de la vida del rehén, terminó cobrándose la de cuatro soldados.

Otro fracaso de este tipo resultaría intolerable para el pueblo francés, de modo que el margen de error para el presidente Hollande es mínimo.

El caso de los franceses rehenes en el Magreb Islámico es un modelo actual, dramático y todavía indefinido de una problemática que se ha tornado natural en el marco del conflictivo siglo que apenas comienza.

Como un "daño colateral" de las decisiones políticas, el recurso de la toma de rehenes asoma como una herramienta que no pierde vigencia y que sigue concitando la atención y la preocupación de millones de consumidores de grandes medios de comunicación.

La indefensión de los prisioneros, el riesgo extremo, la decisión de los terroristas de actuar "hasta las últimas consecuencias", las vacilaciones del gobierno de turno, los secretos de Estado ocultos bajo siete llaves, la temida presunción de que se está gestando un operativo de rescate tan violento como peligroso forman parte del drama que conmueve al público espectador, y que sigue las variables del caso con la misma intensidad que una serie televisiva exitosa.

Sin embargo, la realidad está lejos de asemejarse a los guiones de Hollywood, donde sobresalen los héroes con uniforme, los políticos con audacia y los terroristas sanguinarios. Y, sobre todo, los finales felices.

Lejos de los estereotipos cinematográficos, la realidad es mucho más compleja y nunca termina por develar todas sus cartas.

¿Cuánto importan realmente las vidas humanas comprometidas en este tipo de negociaciones bajo presión?

¿Cuál es el límite para ceder y cuál es el impulso que empuja a poderosos funcionarios a asumir decisiones que pueden terminar en masacre?

¿De qué depende que la paciencia de los secuestradores se acabe en ese peligroso juego donde cada quien elige caminar sobre el filo de una daga?

¿Por qué las tomas de rehenes generan tanto impacto mediático, mientras que otras variantes de crueldad o deshumanización (como bombardeos, atentados, matanzas masivas, purgas étnicas, ejecuciones extrajudiciales) no despiertan interés similar ni determinan el humor social de una nación?

Ningún especialista aporta razones valederas para comprender la vigencia de este método a lo largo de tantas décadas.

Lo concreto es que la conflictividad humana parece seguir atada al gesto cruel de tomar la vida de otra persona como moneda de cambio de los propios intereses, como caja de resonancia para una denuncia global o como medio para conseguir mejores condiciones de vida.

No sepultar el pasado

Ella Kesayeva, presidenta de La Voz de Beslán, una de las cuatro organizaciones que representan a las víctimas del secuestro del colegio ruso de Osetia del Norte en septiembre de 2004, se encargó de expresar hace poco tiempo su indignación ante la prensa por las obras de remodelación que el Gobierno de Putin había acelerado en la escena de la masacre:

"Nos prometieron que no tocarían nada, que la escuela quedaría tal cual. Y mira lo que están haciendo. Es espantoso y tiene una sola razón de ser: ocultar el horror de la masacre. Lo peor es que están derribando aquellas partes donde se apreciaba el rastro de los bombardeos de las fuerzas de asalto rusas. Para que no nos plantáramos encima de las excavadoras, lo han hecho poco a poco. Cuando nos dimos cuenta, era demasiado tarde".

La intención de reformar el colegio de Beslán es evidente: hay que sepultar el pasado trágico, olvidar los errores, superar los contratiempos, seguir adelante. Y jamás rendir cuentas, nunca tener que dar incómodas explicaciones.

Allí murieron trescientas setenta personas, la enorme mayoría niños en edad escolar, por la decisión del Gobierno de Putin de no negociar ni conceder nada a los guerrilleros chechenos que controlaban el lugar.

Eso sí, lanzó contra ellos todo el fuego de sus fuerzas militares y el costo de su necedad fue una masacre con pocos antecedentes en la historia de este tipo de acontecimientos. Una de esas masacres que cambian para siempre la historia de un país, que se transforman en heridas para varias generaciones de un pueblo que jamás olvida, que no puede comprender, que no logra perdonar, que nunca podrá asumir. Y mucho menos, olvidar.

Alan Kargiev, un estudiante universitario vecino de Beslán, afirmó indignado ante la prensa rusa:

"Los padres enterrarán a sus hijos y luego de cuarenta días [periodo de duelo de la iglesia ortodoxa] tomarán las armas y buscarán vengarse".

Tomarán las armas. La pregunta, en todo caso, es: ¿contra quién?

Apéndice fotográfico

EL RESCATE DE ENTEBBE

1994. Otro Hércules, esta vez uno estadounidense,
cargando material para acciones humanitarias en África,
estaciona frente al viejo aeropuerto, aún descuidado y con
la historia del ataque en sus muros.

El avión de Air France custodiado en la pista por
efectivos del Ejército de Uganda.

141

ALGUNOS PROTAGONISTAS

Foto: Oficina de Prensa del Gobierno Israelí

La tripulación del C-130 que aterrizó en Entebbe posa junto a su avión, luego de finalizado el operativo. Quien está en el centro de la primera fila es Joshua Shani, el piloto jefe.

El joven, pero avezado, Yonathan Netanyahu, que como teniente lideró el principal grupo de asalto compuesto por veintinueve hombres y que se constituyó en un héroe para su patria.

EUFORIA Y LÁGRIMAS

La alegría del reencuentro. Los pasajeros del vuelo de Air France vuelven a ver a sus familiares en el Aeropuerto Ben-Gurion, en Lod, cerca de Tel Aviv.

4 de julio de 1976. El pueblo israelí manifestó su alegría en las calles. La noticia recorrió el mundo y llovieron las felicitaciones.

Víctima tardía. Miembros de la familia de Dora Bloch, la anciana de setenta y cinco años ejecutada en un hospital como represalia del ejército ugandés, le rinden un último tributo.

HERIDAS Y RECUERDOS

Autor: Edmund S. Valtman/Biblioteca del Congreso, EE. UU.

Caricatura de Idi Amin, presidente de Uganda de 1971 a 1979. Herido en su orgullo y sabiéndose objeto de burla internacional, el mandatario tomó todas las sangrientas represalias que pudo.

Beit Hanassi, Jerusalem, 1986. Años después del hecho, Benjamin Bibi Netanyahu conversa con Sorin Hershko, uno de los soldados israelíes baleados durante el rápido y exitoso rescate.

Foto: Matanya/Oficina de Prensa, Israel.

Medalla conmemorativa del general Dan Shomron (1937-2008), quien tuvo a su cargo todo el operativo de rescate.

Sangre en los Juegos Olímpicos

Frente del cuerpo de la Villa Olímpica donde se
alojaba la delegación deportiva de Israel y donde
sus atletas fueron sorprendidos y retenidos por el
comando palestino.

Ha estallado el drama. Uno de los atacantes, encapuchado,
se asoma a un balcón. Pero sus desplazamientos fueron
más bien desembozados, conscientes de estar en el foco de
la prensa mundial.

La larga réplica

Foto: Biblioteca del Congreso, EE.UU.

Insignia del famoso y eficiente Instituto de Inteligencia y Operaciones Especiales de Israel, creado para actuar fuera de sus fronteras.

Golda Meir, primera ministra de Israel de 1969 a 1974. "Llamen a los muchachos", habría ordenado al enterarse del atentado.

El diplomático palestino Wael Zwaiter, el primer ejecutado. Cayó en Roma cuarenta días después de la masacre de Munich.

Ali Hassan Salameh, de la cúpula de Al Fatah, al que creyeron matar en Noruega, cuando en realidad ultimaron a un ciudadano marroquí.

Kamal Nasser, que junto a Kamal Udwan y Abu Yussuf, también integrantes del FPLP, fue ejecutado en Beirut.

La garra floja

Enterados de la toma de la Embajada, estudiantes estadounidenses reclaman la deportación de todos los iraníes de su país.

James Carter, presidente de Estados Unidos de 1977 a 1981 y protagonista del rotundo fracaso.

Ruhollah Musavi Jomeini (1902-1989), el líder religioso y revolucionario iraní, repentinamente beneficiado por la impensada acción de los jóvenes que tomaron la Embajada.

La cruda realidad. Despojos de uno de los helicópteros siniestrados por la increíble torpeza de los estadounidenses. El bochorno se vio luego reflejado en las urnas.

Perú y Colombia, cúmulo de dudas

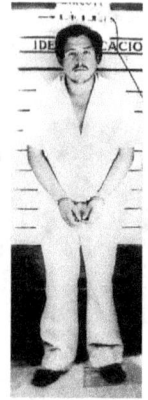 

Foto de prontuario policial de Néstor Cerpa Cartolini (1953-1997) y su improvisada conferencia de prensa en la toma de la residencia del embajador japonés en Lima. La Operación Chavín de Huantar fue sumamente cuestionada.

Foto: Fabio Gismondi

Foto: World Economic Forum

Mirar a lo alto. La política Ingrid Betancourt, secuestrada por más de seis años, fue la más notoria personalidad liberada por la Operación Jaque.

La pura verdad. Álvaro Uribe construyó una versión simplista que implicaría una gran dosis de ingenuidad de un grupo guerrillero muy experimentado.

Bibliografía

- Borden, Mark; *Huéspedes del Ayatolá. La crisis de rehenes en Teherán*, Madrid: RBA Libros, 2008.
- Caravaca Caballero, Ana; *Dubrovka*, Madrid: Aran Ediciones, 2010.
- Cipriani, Juan Luis; *Doy fe*, Lima: Planeta, 2009.
- De Bari Hermoza Ríos, Nicolás; *Operación Chavín de Huantar. Rescate en la residencia de la embajada del Japón*, Lima: Comisión Permanente del Ejército, 2010.
- Dudley, Steven y otros; *Operación Jaque. Secretos no revelados*, Bogotá: Oveja Negra, 2008.
- Giampietri, Luis; *Rehén por siempre. Operación Chavín de Huántar*, Lima: Congreso de la República, 2011.
- Jara, Umberto; *Secretos del túnel*, Lima: Norma, 2007.
- Jonas, George; *Venganza*, Madrid: RBA Libros, 1984.
- Klein, Aaron; *Devolviendo el golpe. La masacre de Munich y la letal respuesta de Israel*, Barcelona: Random House Mondadori, 2006.
- Matsuda Nishimura, Samuel; *Rehenes en la sartén*, Lima: Kotoba, 2010.
- Méndez, Antonio Joseph; *Argo*, Madrid: RBA Libros, 2012.
- Ofer, Yehuda; *Operación Jonathan. El raid de Entebbe*, Barcelona: AYMA SA, 1978.
- Pomeraniec, Hinde; *Rusos. Postales de la era Putin*, Buenos Aires: Tusquets, 2009.
- Sin autor; "Tomar por asalto el siglo XXI. El MRTA y Néstor Cerpa Cartolini", en *www.cedema.org*, 2010
- Sorek, Kranz; *Operación Uganda. Los 53 minutos de Entebbe*, Buenos Aires: El Cid editor, 1976.
- Stevenson, William; *90 minutos en Entebbe*, Buenos Aires: Atlántida, 1976.
- Tinnin, David; *Escuadrón de castigo. La venganza de Munich*, Buenos Aires: Grijalbo, 1979.
- Torres, Juan Carlos; *Operación Jaque. La verdadera historia*, Bogotá: Planeta, 2008.
- Vinuesa, Arturo; *Palestina, el holocausto ignorado*, Madrid: Fundamentos, 2008.

Índice

En la misma colección:

Jorge Zicolillo
SUDAMÉRICA: LA NUEVA
CENTRO IZQUIERDA
¿Estado de bienestar o demagogia?

Por estas páginas desfilan, entre otros, los casos de Hugo Chávez, en Venezuela; Néstor y Cristina Kirchner, en Argentina; Fernando "Lula" Da Silva, en Brasil; Evo Morales, en Bolivia; Rafael Correa, en Ecuador. Pero más allá de analizar las particularidades de cada experiencia y enumerar sus mayores éxitos y fracasos, Zicolillo traza un paralelo entre todas ellas y expone las condiciones reales en que debe moverse cualquier gobierno del subcontinente: el embate de los monopolios de la información, los términos de intercambio desventajosos, la asechanza de los sectores reaccionarios no dispuestos a ceder terreno.

Gabriel Glasman
EL CAMARADA INCÓMODO
La caza de León Trotsky por el poder
stalinista

León Trotsky, héroe de la Revolución
Rusa de 1917, sufrió el exilio a raíz de su
enfrentamiento ideológico y político con
Josef Stalin, el hombre fuerte del poder
soviético. Asesinado en México, país que
le concediera asilo, su nombre y sus obras
aún respaldan organizaciones políticas
en todo el mundo. Ésta es la trama de una
tenaz persecución, y de un magnicidio
ejecutado en tiempos en los que soñar
un mundo justo parecía la única opción
posible.

José Andrés López
¿LIBERTAD Ó LIBRE MERCADO?
Del Consenso de Washington a Vargas Llosa y las fundaciones neoliberales

La gran crisis de 1930 acabó con la idea de un capitalismo siempre creciente. Los defensores del "libre juego de la oferta y la demanda" se enfrentaron a quienes sostenían la intervención de un Estado regulador. Desde los centros de poder mundial, y sobre todo desde los Estados Unidos hacia América Latina, se fueron ensayando distintas estrategias para defender una supuesta libertad que no significaba más que protección de los propios intereses. En ese marco, se crearon y solventaron numerosas fundaciones que defienden en el subcontinente americano un liberalismo a ultranza, el mismo que se ha mostrado impotente en los países centrales y los ha llevado a una profunda crisis.

Rescate de rehenes, de Hugo Montero,
fue impreso y terminado en marzo de 2013,
en Encuadernaciones Maguntis,
Iztapalapa, México, D. F. Teléfono: 5640 9062

Realización editorial: Julio Acosta
(*julioacostaeditor@hotmail.com.ar*)
Corrección: María Soledad Gómez

www.ingramcontent.com/pod-product-compliance
Lightning Source LLC
Chambersburg PA
CBHW072247310526
45795CB00011B/304